Kochen mit Auberginen

Kochrezepte aus (fast) aller Welt

Nariman Zeitun

Die Autorin und der Verlag bedanken sich bei allen, die sie mit Rezepten versorgt haben, damit dieses Buch auf dem deutschsprachigen Markt erscheinen konnte.

1. Auflage 2021

Titelbild: Nicole Iwanov
Fotos: M. Nader Asfahani
Übersetzung, Gestaltung, Herstellung und Satz:

Asfahani Verlag
Hausbrucher Straße 54 / D-21147 Hamburg
Federal Republic of Germany
Telefon 040-7967951 Fax 040-7967955
Email: info@asfahani.de
Internet: www.asfahani.de

ISBN 978-3-927459-66-3

Sachregister

Auberginen

Eierfrucht, so wird die Aubergine auch genannt, findet man heutzutage überall auf den Märkten. Das war nicht immer so, bis in die siebziger und achtziger Jahre war die Aubergine ein seltenes Gemüse in Deutschland. Gastarbeiter aus den Mittelmeerländern und auch Deutsche, die in südlichen Ländern und Asien diese Gemüsesorte probiert haben, änderten dies und die Aubergine wurde auch hierzulande populär.

Auberginen gibt es in verschieden Formen und Farben, leider bekommt man hierzulande nur einige Sorten, wie unsere Bilder zeigen.

Japan und China haben eine lange, dünne Auberginensorte auf den Markt gebracht, die eine helllila Farbe hat. Diese Art bekommt man über das Internet oder bei sehr wenigen Kaufhäusern, ein Kilo kostet über 8 Euro.

1

2

3

4

5

6

Tamarindewasser

Zutaten:

2 bis 3 cm Stück Tamarinde
Tasse warmes Wasser
3 bis 4 Esslöffel Zucker

So wird es gemacht:

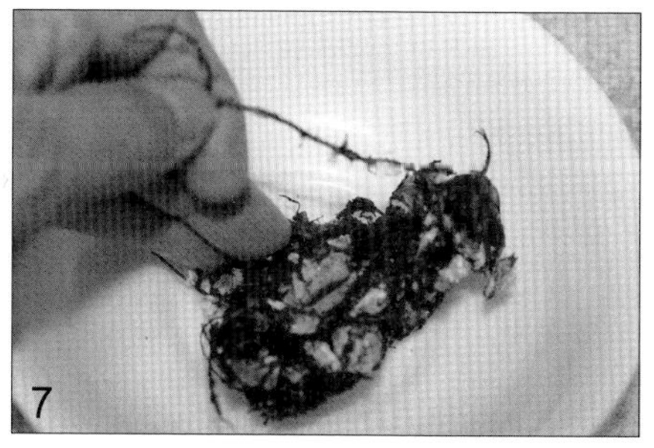
7

8

☺ Tamarindestück von Stiel und Samen befreien und für ca. 30 Minuten in Wasser einweichen.

☺ Eingeweichte Tamarinde im Wasser zwischen den Fingern reiben und die harten Stücke entfernen, dann in eine Küchenmaschine geben

9

und fein pürieren.

10

11

☺ Tamarindepüree durch ein Sieb geben und in einer Schale auffangen, eventuell mit einem Löffel durch das Sieb pressen ➠ Zucker dazugeben und rühren.

☺ Tamarindewasser kann bei Gerichten verwendet, oder mit etwas Wasser verrührt, mit Zitronensaft abgeschmeckt und als Getränk serviert werden.

****

Chili

Wie man mit scharfen Chilis umgeht

In Südostasien verwendet man beim Kochen viel scharfen Chili. Das ist in Europa nicht üblich, deshalb haben wir die Rezepte in diesem Buch etwas entschärft, ohne den Charakter der vielen Gerichte zu verändern.

12

Bevor Sie die Chilis anfassen, ziehen Sie bitte Gummihandschuhe an, damit wird verhindert, dass ätherische Öle Ihnen Hautjucken verursachen. Außerdem berühren Sie nicht Ihre Augen während des Arbeitens mit Chili,

Chili nur mit kaltem Wasser waschen. Heißes Wasser kann bei getrocknetem Chili zu Dämpfen führen, die die Augen und Schleimhäute reizen.

****

Kokosnussmilch

Schritt 1

Kokosnusspaste herstellen

Methode 1

☺ Fruchtfleisch einer Kokosnuss reiben ➠ in den Mixaufsatz einer Elektroküchenmaschine geben ➠ 1/4 Liter heißes Wasser darübergießen ➠ mit hoher Geschwindigkeit mixen ➠ einen weiteren 1/4 Liter heißes Wasser dazugeben und weitermixen, bis ein glatter Brei entstanden ist.

Methode 2

☺ Kokosnussfleisch von Hand reiben (oder fertig geriebene Kokosnuss verwenden) ➠ 1/2 Liter heißes Wasser dazugeben ➠ mit einem Schneebesen oder dem Elektromixer kräftig schlagen.

Schritt 2

Kokosnussmilch herstellen

☺ Ein Sieb mit einem Küchentuch auslegen ➠ Kokosnusspaste hineingeben ➠ mit einem Löffel kräftig pressen ➠ die Enden des Tuches zusammenhalten und kräftig wringen, damit die restliche Flüssigkeit aus dem Brei austropfen kann.

****

Hausgemachter Joghurt

Für 1 Liter Joghurt benötigen Sie folgende Zutaten:

1 Liter Frischmilch und ca. 50 g Joghurt

☺ Frischmilch in einem Topf kurz zum Kochen bringen ➠ vom Herd nehmen und auf 30 bis 35°C abkühlen lassen ➠ etwas Milch zum Joghurt geben und verrühren ➠ zur Milch geben und umrühren ➠ Topf zudecken und in eine Decke einschlagen ➠ an einen warmen Platz stellen ➠ über Nacht stehen lassen (15 bis 17 Stunden) **!! Topf nicht schütteln !!**

****

Reis als Beilage

Zutaten:

1 Tasse Langkornreis, waschen und abtropfen lassen
2 Tassen Wasser
1 Teelöffel Salz

So wird es gemacht:

☺ Reis, Wasser und Salz in einen Topf geben und zudecken ➡ kurz aufkochen lassen, dann bei schwacher Hitze 20 bis 25 Minuten köcheln lassen, bis der Reis gar und trocken ist ➡ mit einer Gabel auflockern und heiß servieren.

✻✻✻✻✻✻✻✻✻✻

Reis mit Fadennudeln

Zutaten:

1 Tasse Langkornreis, waschen und abtropfen lassen
ca. 50 g Fadennudeln
2Tassen Wasser
1 Teelöffel Salz
1 Esslöffel Butter oder Öl

So wird es gemacht:

☺ Öl oder Butter in einem Topf erhitzen ➡ die Fadennudeln dazugeben und braten, bis die Nudeln Farbe annehmen ➡ Reis dazugeben und unter Rühren einige Minuten braten ➡ Wasser und Salz dazugeben und zum Kochen bringen ➡ Topfdeckel in ein Tuch hüllen (damit der Dampf aufgefangen wird) und damit den Topf zudecken, dann bei schwacher Hitze ca. 20 Minuten köcheln lassen, bis der Reis gar und trocken ist.

✻✻✻✻✻✻✻✻✻✻

Reis, auf persische Art

Zutaten:

250 g Langkornreis, (z.B. Basmatireis), waschen und über Nacht in reichlich kaltem Wasser einweichen, in ein Sieb geben und abtropfen lassen
1 Teelöffel Salz
3 Esslöffel Butter
1 große Kartoffel, schälen, waschen und in dünne Scheiben schneiden

So wird es gemacht:

☺ Kartoffel schälen und in sehr dünne Scheiben schneiden, in eine Schale geben und mit Wasser bedecken.

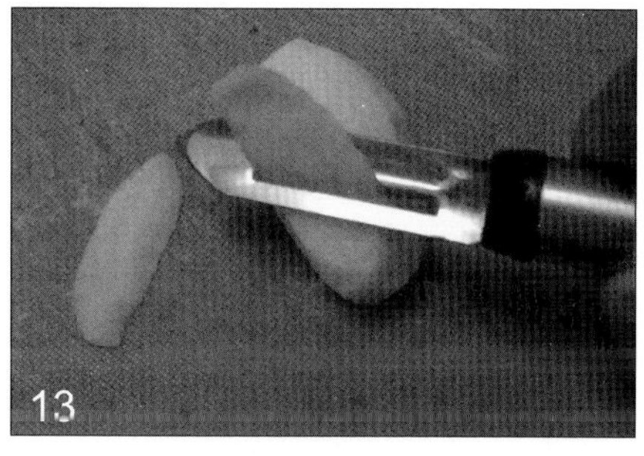
13

☺ Reichlich Wasser und 1 Teelöffel Salz in einen Topf geben und zum Kochen bringen ➡ Reis dazugeben und ca. 10 Minuten brodeln lassen, bis die Reiskörner weich aber noch fest sind ➡ Reis in ein Sieb geben und abtropfen lassen.

☺ Butter in einem Topf zerlassen und mit etwas Wasser vermengen ➡ Kochtemperatur auf sehr schwache Hitze stellen ➡ Topfboden mit Kartoffelscheiben (oder sehr dünnem Fladenbrot) bedecken ➡ Reis mit einem Löffel locker darüber verteilen ➡ Topfdeckel in ein Tuch hüllen und damit den Topf zudecken ➡ ca. 30 Minuten garen, bis der Reis trocken ist ➡ heiß servieren und die Kartoffelkruste auf einem extra Teller anrichten.

****

Auberginensuppe

Zutaten:

1 afrikanische Aubergine (grüne Aubergine) Ersatzweise normale Aubergine, waschen und abtrocknen
2 Tomaten
2 bis 3 lange milde Peperoni
2 Zwiebeln, hacken
1 Scheibe Schinken, zerkleinern
250 g Fischfilets, waschen, abtrocknen und zerkleinern
Eine Handvoll Krabbenfleisch
250 g Lammfleisch, in kleine Würfel schneiden
Salz, Pfeffer und Chilipulver

So wird es gemacht:

☺ Aubergine, Peperoni und Lammfleisch in einen Topf geben, mit Wasser bedecken und gar kochen ➡ Topf vom Herd nehmen ➡ Aubergine, Peperoni und Fleisch mit einer Schaumkelle aus der Brühe nehmen ➡ Brühe durch ein Sieb geben und in einem Topf auffangen.
☺ Schale und Stielansatz der gar gekochten Aubergine entfernen ➡ Auberginenfruchtfleisch mit einer Gabel pürieren und beiseitestellen.
☺ Stielansätze und Samen der Peperoni entfernen ➡ Peperoni zerdrücken und beiseitestellen.
☺ Tomaten, Zwiebeln, Fleisch und Fischfilets zu der Brühe geben und gar kochen ➡ Tomaten in ein Sieb geben, über die Brühe stellen und pressen ➡ Auberginenpüree und Peperoni dazugeben ➡ mit Salz, Pfeffer und Chilipulver abschmecken ➡ Krabbenfleisch dazugeben und bei mittlerer Hitze ca. 30 Minuten kochen lassen ➡ heiß mit Yam- oder Plantainpüree servieren.

✻✻✻✻✻✻✻✻✻✻✻

Grüne-Auberginen-Dip

Zutaten:

250 g kleine, grüne Auberginen (sehen wie Weintrauben aus), waschen und abtropfen lassen
50 g Krabbenfleisch, fein hacken
1 Esslöffel Fischsoße
1 Esslöffel eingelegte Fischpaste (Prahok)
2 Esslöffel gehacktes Zitronengras
2 bis 3 Knoblauchzehen, schälen, mit etwas Salz in einen Mörser geben und zerdrücken
1 Teelöffel Zucker
Chilipulver, Menge nach Geschmack
Salz
Öl

So wird es gemacht:

☺ Die Auberginen in einer Pfanne rösten, bis sie Farbe annehmen, in einen Mörser geben und zerdrücken.

☺ Öl in einer kleinen Pfanne erhitzen, Knoblauchpaste, Krabben, Zitronengras, Chilipulver, etwas Fischsoße und Zucker dazugeben und gut vermengen ➟ 1 Tasse Wasser über die Masse geben und verrühren ➟ Fischpaste und Auberginenpaste dazugeben, gut verrühren, abschmecken und kochen lassen, bis die Masse anfängt zu brodeln ➟ heiß zu Reis- oder Gemüsegerichten servieren.

****

Eingelegte Auberginen auf orientalische Art

Zutaten:

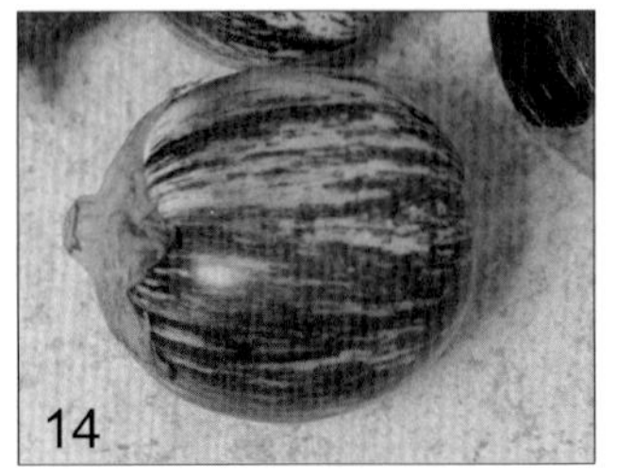
14

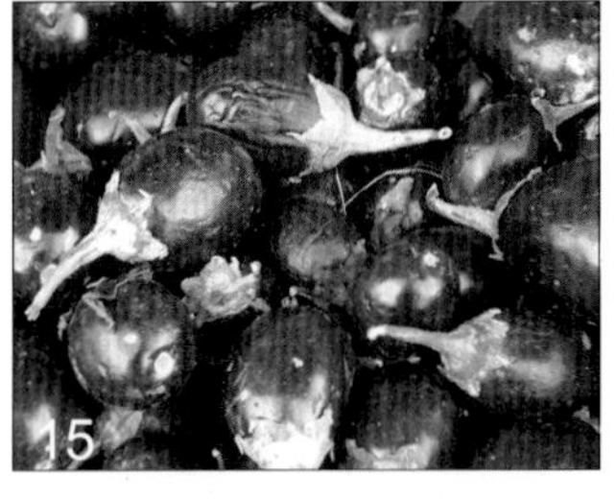
15

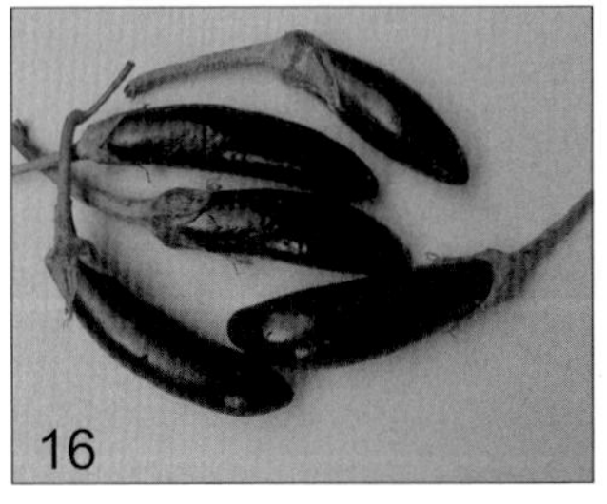
16

500 g kleine, runde weiß/lila oder schwarze Auberginen. Ersatzweise längliche kleine Auberginen

10 Knoblauchzehen, schälen, mit etwas Salz in einen Mörser geben und zerdrücken oder fein hacken

100 g Walnüsse, mit einem Messer grob hacken

Salz

Öl

150 g Spitzpaprika, Stielansätze abschneiden, der Länge nach halbieren und Samen entfernen

Eventuell 1 kleine Chilischote, Stielansatz und Samen entfernen. Ersatzweise Chilipulver, Menge nach Geschmack

So wird es gemacht:

☺ Die Stielansätze der Auberginen abschneiden und die Blätter entfernen.

17

18

☺ Auberginen waschen, in einen Topf geben, mit Wasser bedecken, dann einen Teller daraufstellen, zum Kochen bringen und ca. 5 bis 8 Minuten kochen lassen.

19

20

☺ Teller vorsichtig entfernen und prüfen, ob die Auberginen gar sind, sie sollen weich aber nicht überkocht sein, dann in ein Sieb geben, mit kaltem Wasser abspülen und abkühlen lassen.

☺ Die Auberginen mit einem scharfen Messer der Länge nach tief anschneiden (nicht durchschneiden)

21

22

23

24

☺ Die einzelnen Auberginen von innen mit Salz bestreuen, dann in einem Sieb schichten und auf jede Schicht Salz streuen ➟ mit einem Teller bedecken, dann ein Gewicht daraufgeben (zum Beispiel Topf mit viel Wasser) und ca. 1 bis 2 Tage stehen lassen, bis die ganze Flüssigkeit ausgetropft ist.

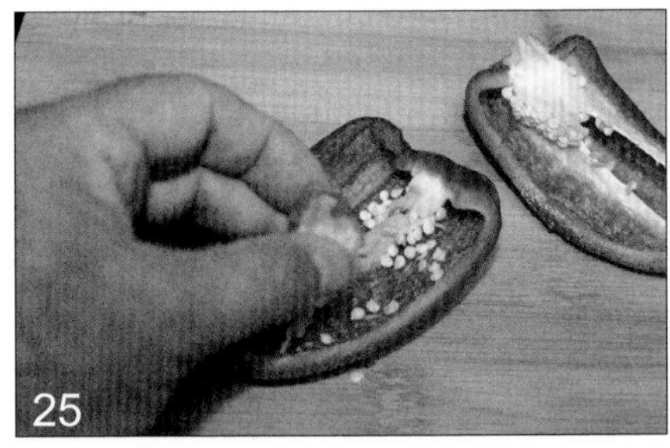
25

☺ Spitzpaprika bearbeiten:
① Paprikaschoten der Länge nach halbieren, Samen und Stielansätze entfernen und in Stücke scheiden, dann in einen Topf geben, mit Wasser bedecken und ca. 15 Minuten Kochen lassen:
② Die gekochten Paprikas in ein Sieb geben, dann einen Teller daraufstellen, mit Gewicht beschweren und über Nacht stehen lassen, damit die Flüssigkeit ganz austropfen kann.

26

27

28

③ Paprika mit einer Küchenmaschine fein pürieren. Knoblauch, Chili und etwas Salz dazugeben und pürieren.

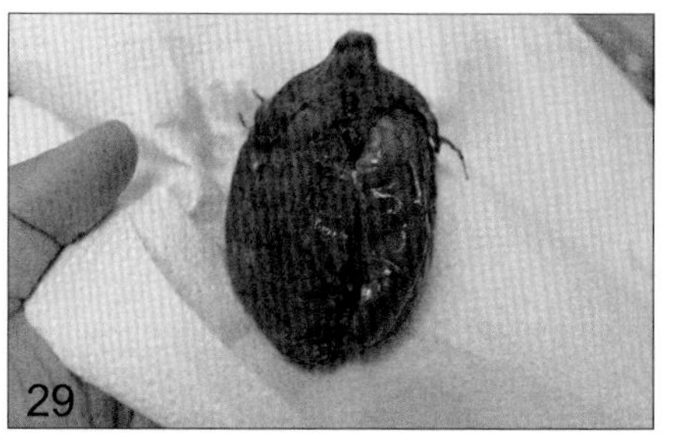
29

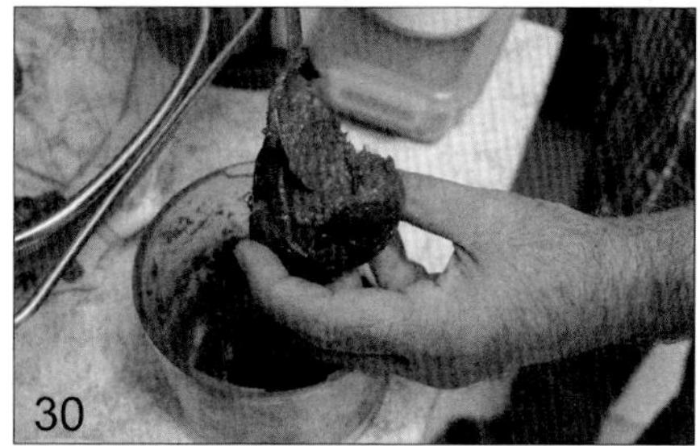
30

☺ Die gut ausgetropften Auberginen mit Küchenpapier abtrocknen und von innen mit Paprikapüree und zerkleinerten Walnüssen füllen.

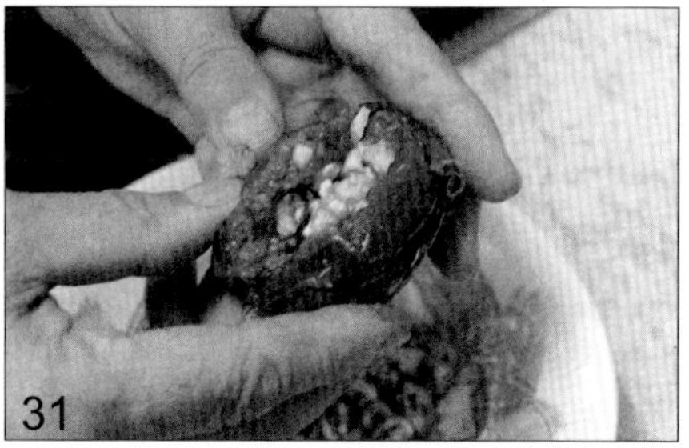
31

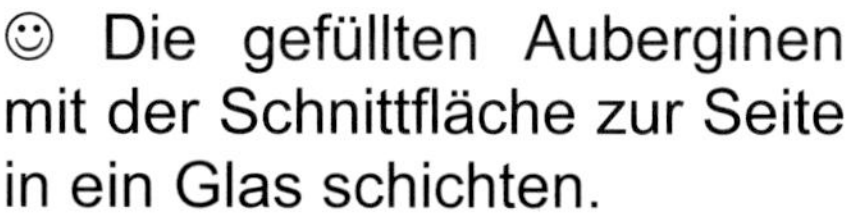

☺ Die gefüllten Auberginen mit der Schnittfläche zur Seite in ein Glas schichten.

☺ Öl (Olivenöl und pflanzliches Öl) nach und nach über die Auberginen geben, dabei muss die Luft aus dem Glas entweichen. Wenn keine Luft mehr im Glas vorhanden ist, Öl bis zum Rand einfüllen, Glas

32

zuschließen und ca. 1 Woche bis 10 Tage stehen lassen. Da Öl aus dem Glas austreten kann (Abb. 35 und 36), sollte man es auf Küchenpapier stellen.

33

34

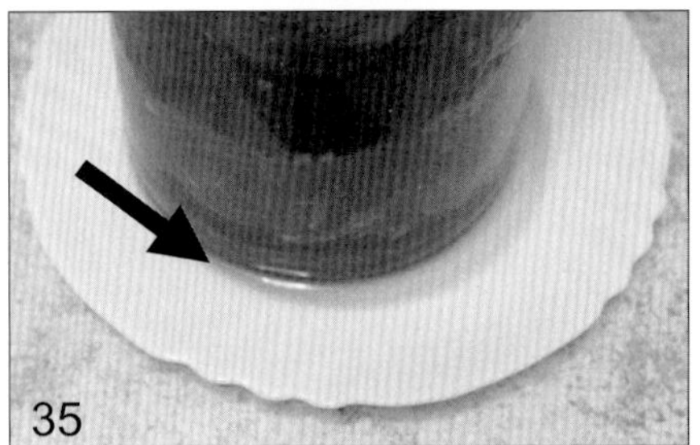
35

36

<u>Vermerk</u>

Damit die restliche Flüssigkeit (falls noch vorhanden) entfernt wird, eine Tasse mit dem Boden auf die im Glas geschichteten Auberginen stellen, Glas und Tasse umdrehen und ein paar Stunden stehen lassen.

37

****

Eingelegte Auberginen in Essig, einfache Art

Zutaten:

5 bis 6 längliche, kleine Auberginen, waschen
3 bis 4 Knoblauchzehen, schälen, mit etwas Salz in einen Mörser geben und zerdrücken. Etwas Öl darüber gießen und gut vermengen
Essig

So wird es gemacht:

38

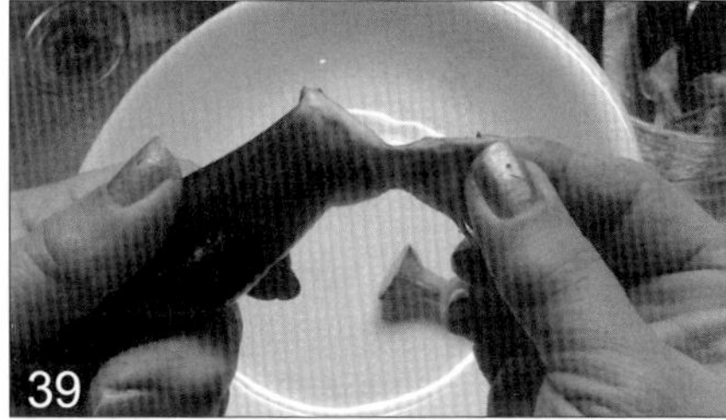
39

☺ Die Stielansätze der Auberginen abschneiden und die Blätter entfernen.

40

41

☺ Wasser und etwas Salz in einen Topf geben und zum Kochen bringen, Auberginen dazugeben und kochen lassen (ca. 10 Minuten), bis sie gar sind, in ein Sieb geben, abkühlen und abtropfen lassen.
(Vermerk, siehe Seite 18)

Vermerk:
Die gekochten Auberginen müssen gut abgetropft sein.

☺ Die Auberginen mit einem scharfen Messer der Länge nach anschneiden (nicht durchschneiden).

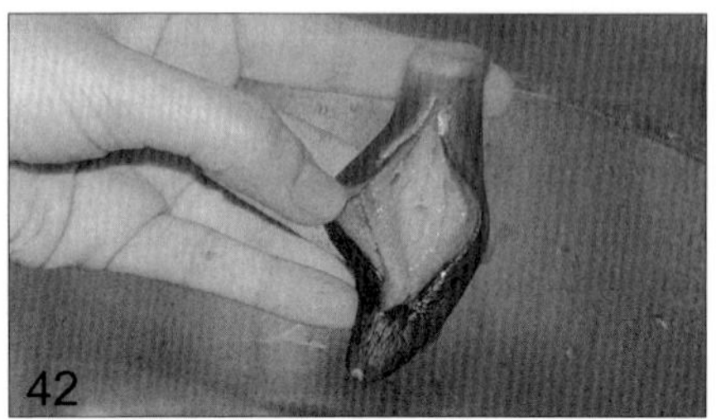
42

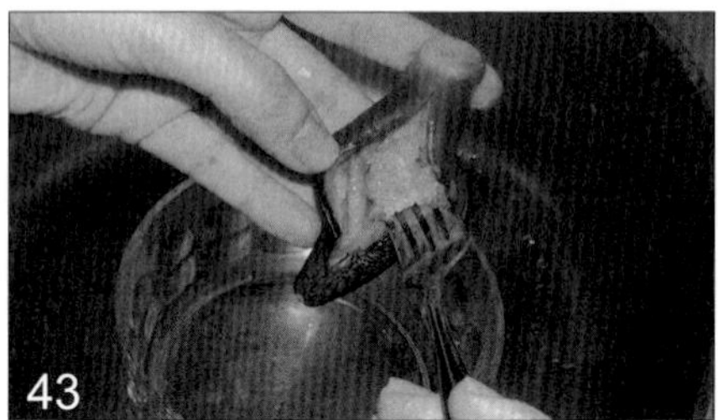
43

☺ Knoblauchpaste in die Auberginen pressen.

☺ Die gefüllten Auberginen mit den Schnittflächen nach oben in eine Schale geben und mit Essig bedecken.

44

☺ Schale zudecken und über Nacht im Kühlschrank aufbewahren, die Auberginen aus dem Essig nehmen, in eine Schale geben, mit Öl bedecken und als Beilagen zu Hauptgerichten servieren.

****

Variante 2

Zutaten:

250 g kleine, runde Auberginen, Stielansätze abschneiden und die Blätter entfernen
1 kleine, scharfe Chilischote, Stielansatz abschneiden, der Länge nach halbieren, Samen entfernen und hacken
1 bis 2 lange, milde Peperoni, Stielansatz abschneiden, der Länge nach halbieren, Samen entfernen und hacken
Handvoll Walnüsse, grob hacken
Olivenöl
Salz
Pfeffer

So wird es gemacht:

☺ Die Auberginen der Länge nach anschneiden (nicht durchschneiden), mit Salz bestreuen und ein paar Stunden stehen lassen, damit die bitteren Säfte austropfen können, waschen und in einen Topf geben, Wasser und Salz zu den Auberginen geben und kochen lassen, bis sie gar sind, in ein Sieb geben, abtropfen und abkühlen lassen.
☺ Füllung vorbereiten:
Chili, Peperoni, Nüsse, etwas Salz und Pfeffer in eine Schale geben und gut vermengen.
☺ Die Füllung in die Auberginen pressen, die Auberginen in einer Schale schichten, mit Öl bedecken und 1 bis 2 Tage stehen lassen. Als Beilage zu Hauptgerichten servieren.

****

Variante 3, in Essig und Gewürzen

Zutaten:

500 g kleine Auberginen, Stielansätze abschneiden, schälen, in Scheiben schneiden, in ein Sieb geben, mit Salz bestreuen und ein paar Stunden stehen lassen, damit die bitteren Säfte aus den Auberginen entfernt werden, mit Wasser abspülen und abtropfen lassen
1/2 Tasse Olivenöl
1 Tasse Essig
2 bis 3 Knoblauchzehen, schälen, mit etwas Salz in einen Mörser geben und zerdrücken
Je 1/2 Teelöffel Thymian und Anissamen
Salz

So wird es gemacht:

☺ 3 Tassen Wasser, 3/4 Tasse Essig und die Auberginenscheiben in einen Topf geben und bei mittlerer Hitze kochen lassen, bis die Auberginen gar sind ➠ in ein Sieb geben und abtropfen lassen.

☺ Den restlichen Essig und die Zutaten in einen Topf geben und bei mittlerer Hitze kochen lassen, dabei rühren bis etwas Flüssigkeit verdampft ist.

☺ Essigmasse und Auberginen in einem verschließbaren Glas oder einer Schale abwechselnd schichten. Die Essigmasse soll die erste und letzte Schicht sein. Schale oder Glas verschließen und über Nacht im Kühlschrank aufbewahren. Die eingelegten Auberginen können als Beilage zu Hauptgerichten serviert werden.

****

Eingelegte Auberginen mit Chili und Ingwer

Zutaten:

500 g kleine Auberginen
ca. 2 cm Ingwerwurzel, schälen und hacken
25 g Chilischoten
2 Knoblauchzehen, mit Salz und etwas Essig zerdrücken
150 ml Essig
75 g Nussöl oder eine andere Ölsorte
50 g Zucker
je 1/2 Esslöffel Salz und Kümmelsamen
je 1/2 Teelöffel Chilipulver, Currypulver, Kurkuma, Garam Masala und Ingwerpulver

So wird es gemacht:

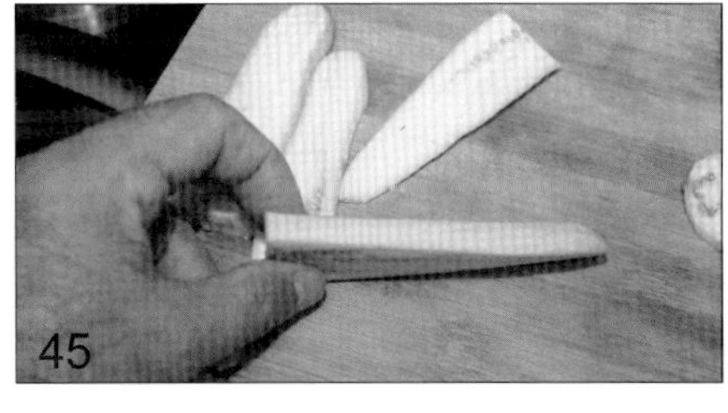

☺ Von den Auberginen die Stielansätze abschneiden, dann die Auberginen waschen und in Scheiben schneiden (ca. 3 cm dick).

☺ Zerdrückte Knoblauchzehen, Chilipulver, Currypulver, Kurkuma, Garam Masala und Ingwerpulver in einen Mörser geben und zu einer Paste zerdrücken.

☺ Öl erhitzen ➡ Kümmelsamen dazugeben und 1 Minute rösten ➡ Gewürzpaste dazugeben und auf kleiner Flamme 1 bis 2 Minuten braten ➡ Essig, Zucker und Salz dazugeben und umrühren ➡ Auberginenscheiben, Chilischoten und Ingwerwurzel dazugeben und köcheln lassen, bis das Gemüse gar ist ➡ kalt stellen ➡ vor dem Servieren einen Tag stehen lassen.

****

Variante 2

Zutaten:

500 g Auberginen
4 Knoblauchzehen, schälen und hacken
150 ml Essig
2 cm Ingwerwurzel, schälen und in dünne Scheiben schneiden
1 bis 2 scharfe Chilischoten
1 Esslöffel Oregano
Olivenöl oder eine andere Ölsorte
Salz

So wird es gemacht:

☺ Auberginen schälen und in Scheiben schneiden ➟ salzen und 2 bis 3 Stunden in ein Sieb legen, damit die bitteren Säfte und die Flüssigkeit austropfen können ➟ die abgetropften Scheiben ca. 10 Minuten in den mit etwas Wasser verdünnten Essig legen ➟ in ein Sieb geben und abtropfen lassen ➟ in einen Steintopf oder ein Glas schichten, dazwischen Knoblauch, Ingwer, Chil und Oregano verteilen ➟ die Auberginenscheiben mit Öl bedecken und den Topf schließen ➟ eine Woche stehen lassen.

****

Variante 3

Zutaten:

1 große Aubergine
25 g Ingwerwurzel, schälen und zerkleinern
5 Knoblauchzehen, schälen
1 kleine getrocknete Chilischote, Stielansatz entfernen
2 (oder mehr) lange grüne Peperoni (mild oder scharf), Stielansätze abschneiden und hacken
Je 1 Teelöffel:
  Senfkörner
  Bockshornkleesamen
  Kreuzkümmelsamen
1 Teelöffel Kurkumapulver
1 Esslöffel gehackte Korianderblätter
Öl, falls möglich Sesamöl
Essig

So wird es gemacht:

☺ Aubergine schälen, in Scheiben schneiden, dann in kleine Würfel schneiden.
☺ Knoblauch, Ingwer, getrocknete Chilischote und etwas Salz in einen Mörser geben und zerdrücken.
☺ ca. 100 ml Öl erhitzen ➡ Knoblauchpaste, Korianderblätter und Gewürze in das heiße Öl geben, gut vermengen und kurz dünsten ➡ Auberginen und Peperoni dazugeben, gut vermengen, salzen und ein paar Minuten köcheln lassen ➡ ca. 1 Tasse Essig darübergießen, umrühren und köcheln lassen, bis die Auberginen gar sind ➡ Masse in ein Glas füllen, schließen, abkühlen lassen und ca. 1 Woche stehen lassen, dann zu Hauptgerichten servieren.

****

Auberginensalat mit Koriander und Chili

Zutaten:

1 große Aubergine
1 große Zwiebel, hacken
2 Esslöffel gehackte Petersilie
1 Esslöffel gehackter Koriander oder 1 Teelöffel getrockneter Koriander
1 Chilischote, der Länge nach halbieren, Samen entfernen und fein hacken
Zitronensaft
Salz
Pfeffer

So wird es gemacht:

☺ Backofen auf 200°C vorheizen.

46

47

☺ Aubergine gut in Alufolie einhüllen und im vorgeheizten Backofen ca. 25 bis 30 Minuten garen, man kann sie auch über einer Gasflamme oder Holzkohle garen ➡ Auberginenschale entfernen, in eine Schale geben und mit einer Gabel pürieren ➡ alle anderen Zutaten dazugeben und gut vermengen ➡ mit Salz und Zitronensaft abschmecken und servieren.

****

Variante 2, mit Koriander

Zutaten:

2 mittelgroße Auberginen (ca. 500 g)
8 Knoblauchzehen, schälen und halbieren
1 bis 2 Teelöffel Harissa oder Chilisoße
ca. 1 Esslöffel Essig
2 Esslöffel gehackter Koriander oder 1 Teelöffel getrockneter Koriander
Salz
einige Löffel Öl
Oliven (Menge nach Belieben)

So wird es gemacht:

☺ Backofen auf 200°C vorheizen.

☺ Mit einem Messer tiefe Schnitte in die Auberginen schneiden und die Knoblauchzehen hineinpressen ➟ Auberginen gut in Alufolie hüllen und im Backofen ca. 30 Minuten backen, dann aus dem Ofen nehmen ➟ Alufolie aufmachen und die Schalen mit einem Messer abziehen oder abschaben ➟ Stielansätze entfernen ➟ Fruchtfleisch in eine Schale geben ➟ kurz abkühlen lassen, dann mit einer Gabel pürieren.

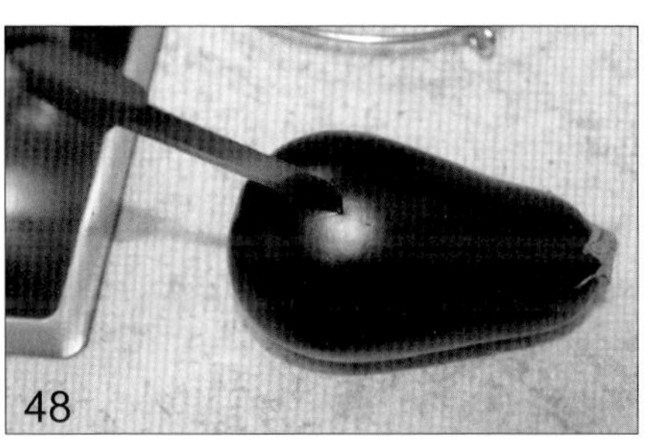
48

☺ Harissa, Öl, Koriander, Essig und Salz in eine kleine Schale geben und gut vermengen ➟ über das Auberginenpüree geben ➟ gut vermengen ➟ abschmecken ➟ mit Oliven garnieren und servieren.

****

Auberginensalat mit Kümmel

Zutaten:

2 mittelgroße Auberginen
2 bis 3 Knoblauchzehen, mit etwas Salz zerdrücken
1 Teelöffel Kümmel
1 bis 2 Esslöffel Essig
1 Teelöffel Paprikapulver
Salz
etwas Wasser
Öl

So wird es gemacht:

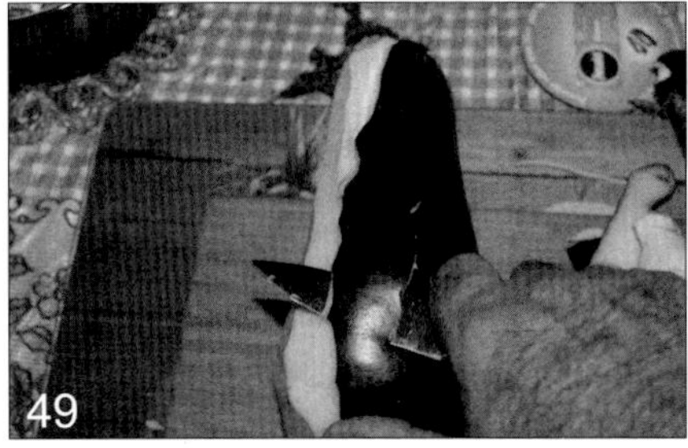
49

50

☺ Auberginen waschen, schälen, in ca. 2 cm dicke Scheiben schneiden, dann würfeln.

☺ Öl in einer Pfanne erhitzen ➟ Knoblauchpaste dazugeben und kurz dünsten ➟ Auberginen, Salz, Paprikapulver und etwas Wasser dazugeben und gut vermengen ➟ bei mittlerer Hitze garen. Zwischendurch umrühren, bis die Flüssigkeit verdampft ist und die Auberginenwürfel gar sind ➟ Kümmel und Essig dazugeben, gut vermengen und servieren.

****

Auberginensalat mit Tomaten

Zutaten:

1 große Aubergine
2 Knoblauchzehen, mit etwas Salz zerdrücken
Saft von 1 Zitrone
1 Zwiebel, fein hacken
1 bis 2 Tomaten, fein hacken
1 Peperoni, fein hacken
1/4 Tasse Olivenöl
Salz
Pfeffer,
Eine Prise Zucker und Paprikapulver

So wird es gemacht:

☺ Falls möglich, die Aubergine auf einem Grill garen oder gut mit Alufolie umhüllen und im vorgeheizten Backofen (ca. 200°C) ca. 25 Minuten garen ➟ Schale abschaben bzw. abziehen und Auberginenfruchtfleisch mit einer Gabel pürieren.

☺ In der Zwischenzeit das Olivenöl in einem Topf erhitzen ➟ Zwiebeln dazugeben und goldbraun dünsten ➟ Tomaten und Peperoni dazugeben und ca. 10 Minuten dünsten, bis die Flüssigkeit verdampft ist ➟ vom Herd nehmen ➟ Auberginenpaste dazugeben und gut vermengen ➟ mit Knoblauchpaste, Salz, Pfeffer, einer Prise Zucker und Paprikapulver abschmecken ➟ kalt servieren.

****

Auberginensoße

Zutaten:

1 kleine Aubergine, (falls zu bekommen, 250 g kleine grüne Sorte. Sie schmeckt angenehm bitter und hat sehr viele Kerne)
3 bis 4 Knoblauchzehen, schälen, mit etwas Salz in einen Mörser geben und zerdrücken
1 Bund Zitronengras, hacken
1 Chilischote, Stielansatz abschneiden, der Länge nach halbieren, Samen entfernen und fein hacken
1 Esslöffel Fischsoße
1/2 Tasse Wasser
Etwas Zucker
Salz
Pfeffer
Öl

So wird es gemacht:

☺ Falls möglich, die Aubergine auf einem Grill garen oder gut mit Alufolie umhüllen und im vorgeheizten Backofen (200°C) ca. 25 Minuten garen ➠ Schale abschaben, Stielansatz entfernen, in eine Schale geben und mit einer Gabel pürieren.
☺ Etwas Öl in einer Pfanne erhitzen, Knoblauchpaste, Chili und Zitronengras dazugeben, umrühren, kurz dünsten und mit Zucker und Fischsoße abschmecken ➠ Wasser dazugeben, umrühren und zum Kochen bringen ➠ pürierte Auberginen dazugeben, gut vermengen und kurz zum Brodeln bringen, dann in eine Servierschale geben und zu Gemüse und Reisgerichten servieren.

****

Auberginen Chutney

Zutaten:

1 große oder 2 mittelgroße Auberginen, Stielansätze abschneiden, schälen, in Streifen schneiden, mit Salz bestreuen, 30 Minuten stehen lassen, mit klarem Wasser abspülen, in ein Sieb geben und abtropfen lassen, damit die bitteren Säfte austropfen können
1 Zwiebel, fein hacken
1 Knoblauchzehe, hacken
Ein Stück Ingwerwurzel (ca. 2 cm), hacken
1/2 Chilischote, Samen entfernen und fein hacken
Zitronensaft
2 Esslöffel gehackte Petersilie
Salz und Pfeffer
Öl zum Braten

So wird es gemacht:

☺ Öl in einer Pfanne erhitzen ➠ Auberginen dazugeben und goldbraun braten ➠ aus dem Öl nehmen und abtropfen lassen ➠ in eine Schale geben und mit einer Gabel pürieren.
☺ Knoblauch, Ingwerwurzel und Chili mit etwas Salz in einem Mörser zerdrücken ➠ die restlichen Zutaten und die Auberginen dazugeben und gut vermengen ➠ mit Salz, Pfeffer und Zitronensaft abschmecken.

****

Auberginen-Tomaten-Chutney

Zutaten:

1 mittelgroße Aubergine, Stielansatz und Blätter entfernen, dann in ca. 2 bis 3 cm dicke Scheiben schneiden, dann würfeln
250 g Tomaten
1 Zwiebel, schälen und hacken
2 bis 3 Knoblauchzehen, schälen und fein hacken
1 Teelöffel mildes Paprikapulver
Chilipulver, Menge nach Geschmack
Salz und Pfeffer
Prise Zucker
Öl
1/2 bis 1 Esslöffel Essig
Gehackte Petersilie

So wird es gemacht:

☺ Tomaten bearbeiten:

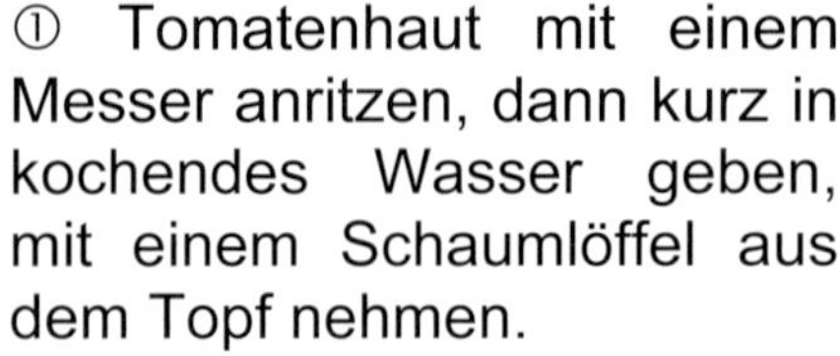

① Tomatenhaut mit einem Messer anritzen, dann kurz in kochendes Wasser geben, mit einem Schaumlöffel aus dem Topf nehmen.
② Haut abziehen, dann die

Tomaten halbieren, Samen entfernen und hacken.
☺ Ein paar Esslöffel Öl in einer tiefen Pfanne erhitzen ➟ Zwiebeln dazugeben und weich dünsten, Tomaten und Knoblauch untermengen, gut vermengen und ein paar Minuten köcheln lassen ➟ mit Salz, Pfeffer, Chilipulver, Paprikapulver und Essig abschmecken ➟ Auberginenwürfel untermengen und köcheln lassen, bis sie gar sind ➟ abschmecken, in eine Servierschale geben, mit Petersilie bestreuen und zu Hauptgerichten servieren.

❄❄❄❄❄❄❄❄❄❄

Auberginen Chutney mit Tamarinde und Kokosnussmilch

Zutaten:

1 mittelgroße Aubergine, Stielansatz abschneiden, Blätter entfernen, in Streifen schneiden (mit oder ohne Schale), dann die Streifen halbieren
5 bis 6 Knoblauchzehen, schälen und in Streifen schneiden
2 Tomaten, hacken
2 Esslöffel Curryblätter. Ersatzweise:
2 Esslöffel Petersilienblätter und 1 Esslöffel Korianderblätter
1 Stück Tamarinde (ca. 2 bis 3 cm)
1/4 Tasse Wasser
1/2 Tasse Kokosnussmilch
Je 1/4 Teelöffel:
 Kurkumapulver
 Currypulver
 Mildes Paprikapulver
Salz
Öl

55

So wird es gemacht:

☺ Tamarinde in 1/4 Tasse Wasser einweichen, dann in eine Küchenmaschine geben und rühren, bis die Tamarinde aufgelöst ist oder die Tamarinde zwischen den Fingern reiben und in das Wasser rühren. (siehe auch Seite 5).

☺ Reichlich Öl in einer tiefen Pfanne erhitzen, einen Teil der Auberginenscheiben im heißen Öl braten, bis sie gar sind und eine goldbraune Farbe haben. Auf die gleiche Art, die restlichen Auberginen braten, dann mit einem Schaumlöffel aus dem Öl nehmen und auf Küchenpapier geben, damit das überschüssige Öl entfernt wird.

☺ Knoblauchzehen im Öl braten, bis sie Farbe annehmen, aus dem Öl nehmen und zu den Auberginen geben.

☺ Das meiste Öl aus der Pfanne, in der die Auberginen gebraten wurden, entfernen ➡ Curryblätter oder Petersilie und Koriander dazugeben und kurz umrühren, Tomaten dazugeben, gut verrühren und köcheln lassen, bis die Tomaten weich sind ➡ Gewürze und Salz dazugeben, umrühren und abschmecken ➡ Tamarinde untermengen und ein paar Minuten köcheln lassen, bis ein Teil der Flüssigkeit verdampft ist ➡ mit Salz abschmecken ➡ gebratene Auberginen und Knoblauch untermengen, dann Kokosnussmilch darübergeben, rühren und ca. 2 bis 3 Minuten köcheln lassen ➡ Auberginen Chutney in eine Servierschale geben, mit etwas Öl beträufeln und servieren.

****

Auberginen Chutney mit Tamarinde und Koriander

Zutaten:

2 bis 3 kleine oder 1 mittelgroße Aubergine, in dünne Scheiben schneiden (mit oder ohne Schale)
2 Tomaten, hacken
1 rote Zwiebel, schälen und in kleine Würfel schneiden
1 kleine Chilischote, Stielansatz abschneiden und in dünne Streifen schneiden
3 bis 4 Esslöffel Korianderblätter
Falls möglich, ein paar Curryblätter
1 Teelöffel Senfkörner
1/2 Teelöffel mildes Paprikapulver
1/4 Teelöffel Kurkumapulver
2 cm Tamarinde
Salz
Öl

So wird es gemacht:

☺ Tamarinde in 1/4 Tasse Wasser einweichen, dann in eine Küchenmaschine geben und rühren, bis die Tamarinde auflöst ist oder die Tamarinde zwischen den Fingern reiben und in das Wasser rühren (siehe Seite 5).

☺ Etwas Öl in einer tiefen Pfanne erhitzen, Senfkörner dazugeben und kurz rösten, Zwiebeln dazugeben, gut vermengen und dünsten, bis sie weich sind ➟ Tomaten, Auberginen und die restlichen Zutaten dazugeben und gut vermengen ➟ etwas Wasser darübergießen, Pfanne zudecken und köcheln lassen, bis die Auberginen gar sind, dann mit einer Gabel oder einem Pürierstab pürieren. Falls die Masse sehr dünnflüssig ist, brodeln lassen, bis die Masse dickflüssig wird ➟ zu Hauptgerichten servieren.

****

Auberginen Kimchi

Zutaten:

4 lange Auberginen, Stielansätze und Blätter entfernen
1 große Zwiebel, hacken
3 bis 4 Knoblauchzehen, schälen und fein hacken oder mit etwas Salz zerdrücken
2 bis 3 Lauchzwiebeln, hacken
1 bis 2 Esslöffel Sojasoße
1/2 Teelöffel Chilipulver
1 Teelöffel Zucker
1 bis 2 Esslöffel Peperonipaste, siehe Seite ...
Salz
Öl

So wird es gemacht:

57

58

☺ Etwas Öl in einer Pfanne erhitzen, Zwiebeln und Lauchzwiebeln in das heiße Öl geben und glasig dünsten, Knoblauch untermengen und dünsten, bis er Farbe annimmt ➟ Sojasoße, Peperonipaste, Gewürze und Salz zur Zwiebelmischung geben, gut vermengen, kurz köcheln lassen, dann Pfanne vom Herd nehmen, abkühlen lassen und mit Salz und Chilipulver abschmecken.

☺ Zwiebelmasse in eine Küchenmaschine geben und pürieren.

59

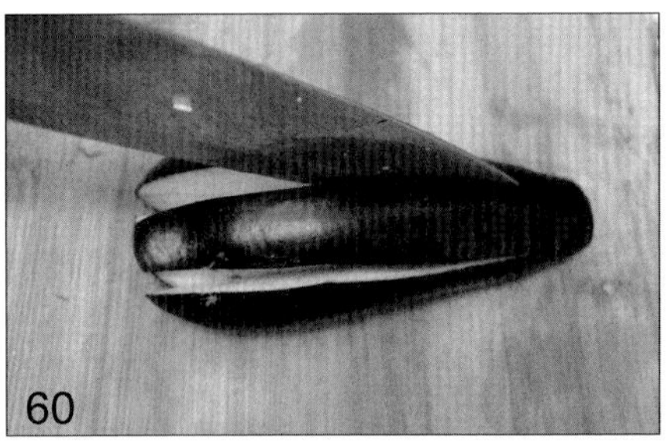

60

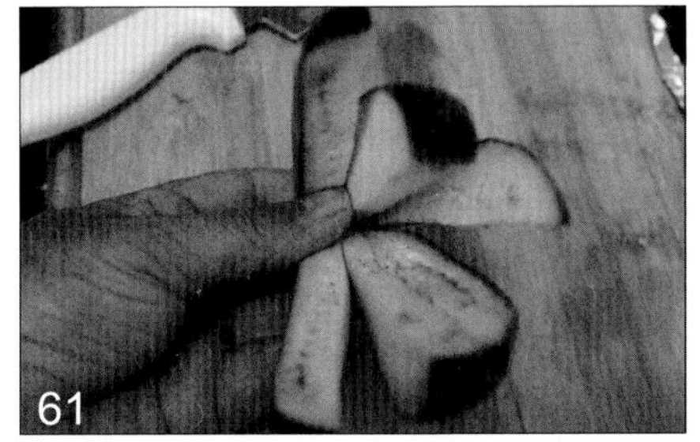

61

☺ Auberginen wie ein Blume aufschneiden. Die Streifen bleiben fest um den Stielansatz ➡ die Streifen etwas auseinandernehmen und mit der Zwiebelmischung füllen, dann rundum von außen mit der Gewürzmischung einreiben.

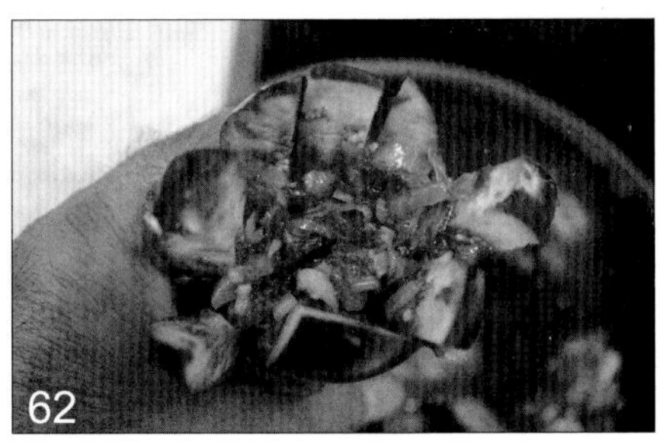

62

☺ Die gefüllten Auberginen in eine feuerfeste Schale geben und die restliche Füllung darauf verteilen.

63

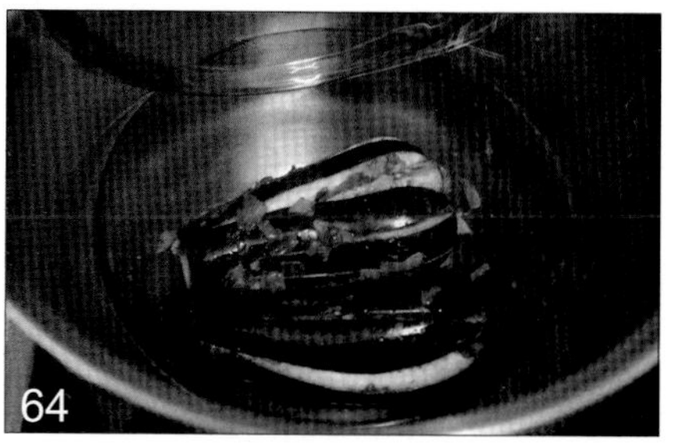

64

65

☺ Etwas Wasser in einen großen Topf füllen ➟ Die Schale mit den Auberginen in den Topf geben, zudecken und das Wasser erhitzen ➟ ca. 20 bis 25 Minuten dämpfen lassen, bis die Auberginen gar sind.

66

Vermerk

Falls man einen Dampfkochtopf hat, kann das Gericht darin gegart werden.

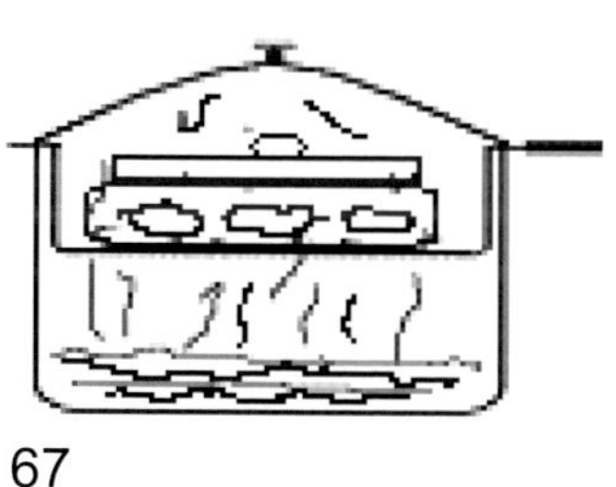

67

68

Man kann auch Wasser in einen Topf oder eine tiefe Pfanne geben und ein Sieb hineinhängen (Abb. 67) oder einen feuerfesten, erhöhten Körper auf den Boden eines Topfes oder einer Pfanne stellen (Abb. 68) und darauf eine Schale legen. Die Zutaten darin verteilen, Wasser in den Topf geben, Topf zudecken und zum Kochen bringen, dann bei mittlerer Hitze kochen lassen.

Auberginen im Teigmantel

Zutaten:

1 mittelgroße, längliche Aubergine, Stielansatz abschneiden und in Scheiben schneiden (1 bis 1,5 cm dick)
1 Tasse Mehl
Ca. 1 Tasse Wasser
1 Ei
1 kleine Knoblauchzehe, schälen und fein hacken oder mit etwas Salz zerdrücken
Salz
Pfeffer
Chiliflocken, Menge nach Geschmack
Öl, zum Braten

So wird es gemacht:

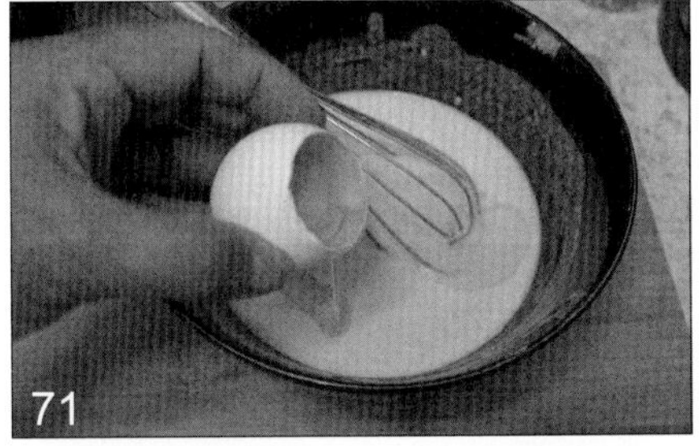

☺ Alle Zutaten, außer Ei, Auberginen und Öl, in eine Schüssel geben und zu einer weichen Paste verrühren, Ei dazugeben, gut verrühren und abschmecken, dann die Auberginen in die Masse geben.

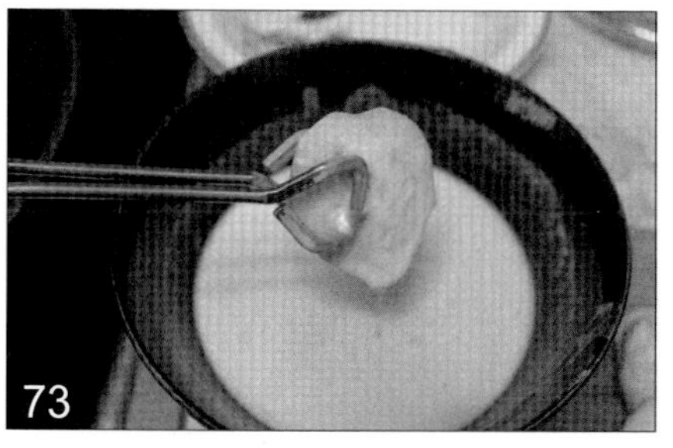
73

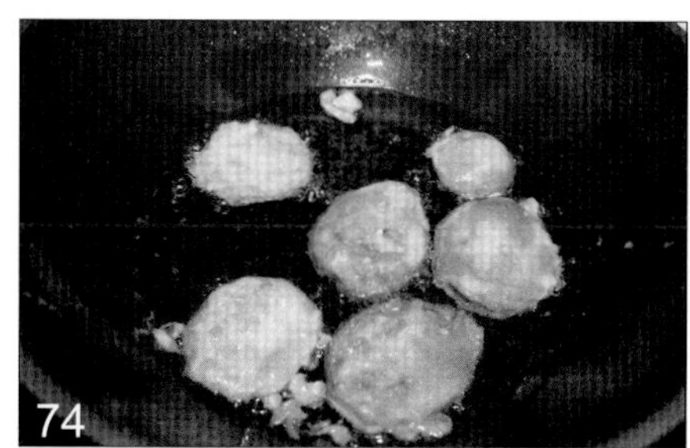
74

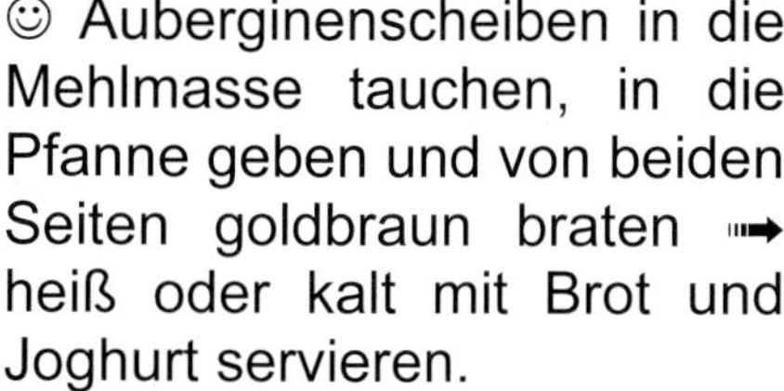

☺ Auberginenscheiben in die Mehlmasse tauchen, in die Pfanne geben und von beiden Seiten goldbraun braten ➡ heiß oder kalt mit Brot und Joghurt servieren.
Die restliche Mehlpaste kann für andere Zutaten verwendet werden. Zum Beispiel:

75

76

77

Paprika oder Spitzpaprika in dünne Scheiben schneiden, in Mehlpaste tauchen und goldbraun braten oder
nur die Mehlpaste löffelweise in das heiße Öl geben und von beiden Seiten goldbraun braten.

****

Gebratene Auberginen im Sojamehlmantel

Zutaten:

2 mittelgroße Auberginen
1 Teelöffel Ingwerpulver
1/2 Tasse Sojabohnenmehl oder Maismehl
je 1/4 Teelöffel Chilipulver und Pfeffer
1 Teelöffel Salz
Öl zum Braten

So wird es gemacht:

☺ Sojabohnenmehl, Ingwerpulver, Chilipulver, Pfeffer und Salz in eine Schale geben und gut vermischen ➟ Wasser dazugeben und zu einem weichen Teig verarbeiten.

☺ Auberginen in Streifen oder Ringe schneiden ➟ waschen und abtropfen lassen.

☺ Öl in einer Pfanne erhitzen ➟ die Auberginenscheiben in den Teig tauchen, im Öl von beiden Seiten braun braten ➟ heiß mit Brot oder Chutney servieren.

✻✻✻✻✻✻✻✻✻✻

Gebratene Auberginen im Milchteigmantel

Zutaten:

1 große oder 2 lange Auberginen, schälen, in dünne Scheiben schneiden, mit Salz bestreuen, in ein Sieb geben, ca. 30 Minuten stehen lassen, damit die bitteren Säfte abtropfen können, unter fließendem Wasser abspülen und gut abtropfen lassen
1/2 Esslöffel gehackte Petersilie
1 Ei, aufschlagen, in eine kleine Schale geben und gut verrühren
1/2 Tasse Milch
100 g Mehl, sieben
Salz
Pfeffer
1 Teelöffel Kurkuma
Öl

So wird es gemacht:

☺ Mehl in eine Schüssel geben ➡ eine Mulde in die Mitte drücken ➡ Ei, Salz und Pfeffer in die Mulde geben und gut vermengen ➡ Milch und 1 Esslöffel Öl darübergeben und zu einem weichen Teig verarbeiten ➡ 2 bis 3 Stunden stehen lassen.

☺ Öl in einer Pfanne erhitzen ➡ Kurkuma dazugeben ➡ Auberginenscheiben in den Teig tauchen, zuerst von beiden Seiten bei schwacher Hitze braten, dann Temperatur erhöhen und goldbraun braten ➡ mit Petersilie garnieren und heiß servieren.

❋❋❋❋❋❋❋❋❋❋

Auberginen mit Bulgur

Zutaten:

1 große Aubergine
1/2 Tasse feiner Bulgur
1/2 Teelöffel süßes Paprikapulver
Pfeffer und Salz
Olivenöl

So wird es gemacht:

78

79

☺ Aubergine garen: Aubergine auf einem Grill oder über einer Gasflamme garen oder mit Alufolie umhüllen und im vorgeheizten Backofen für ca. 30 Minuten garen.

80

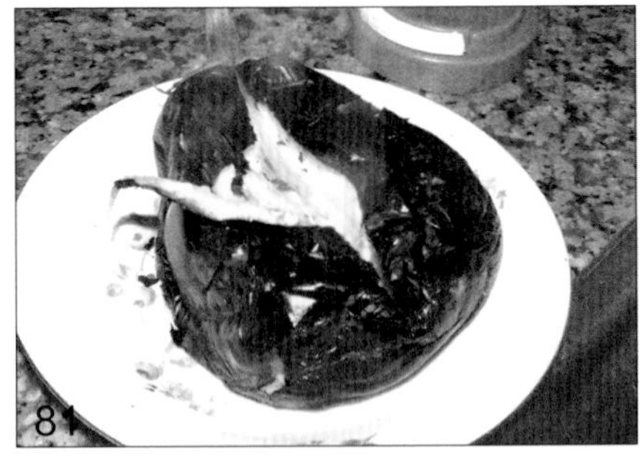
81

☺ Die gegarte Aubergine auf einen Teller geben und mit einem scharfen Messer tief einschneiden (Abb. 80), dabei bleiben die Säfte in der Aubergine.

82

83

☺ Bulgur in die Aubergine füllen, die Öffnung zusammendrücken und ca. 10 Minuten stehen lassen, damit der Bulgur die Flüssigkeit voll aufsaugen kann.

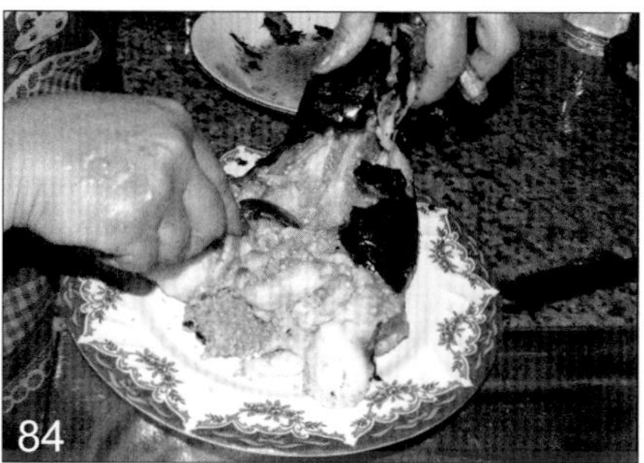
84

85

☺ Bulgur und Auberginenfruchtfleisch mit einem Löffel aus der Schale schaben, auf einen Teller geben, mit Salz, Pfeffer und Paprikapulver abschmecken, die Oberfläche etwas glätten, Olivenöl auf die Oberfläche geben (Menge nach Geschmack) und zu Hauptgerichten oder nur mit Brot und Salat servieren.

****

Auberginen mit Zwiebeln

Zutaten:

1 mittelgroße Aubergine
1 Zwiebel, schälen und hacken
1/2 rote, lange, milde Peperoni. Ersatzweise 1/2 rote Paprikaschote, fein hacken
1/2 grüne, lange, milde Peperoni. Ersatzweise 1/2 Paprikaschote, fein hacken
1/2 Teelöffel Butter
Salz
Pfeffer

So wird es gemacht:

86

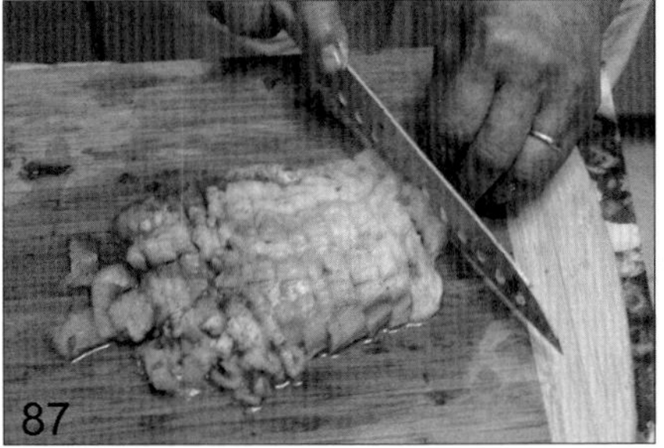
87

☺ Aubergine an 2 Stellen tief anschneiden und im Backofen grillen. Man kann die Aubergine auch in Alufolie wickeln und im Backofen für ca. 30 Minuten backen ➞ aus dem Backofen nehmen, kurz abkühlen lassen, dann die Haut abziehen, Stielansatz entfernen und fein hacken.
☺ Butter in einer Pfanne zerlassen ➞ Zwiebeln dazugeben und glasig dünsten, Paprika, Salz und Pfeffer dazugeben, umrühren und dünsten, bis die Paprikawürfel weich sind ➞ Aubergine untermengen, kurz erhitzen, abschmecken in Servierschale geben und kalt oder warm mit Brot servieren.

****

Auberginen mit Zwiebeln und Tomaten

Zutaten:

500 g kleine Auberginen
3 Zwiebeln, schälen und in dünne Scheiben schneiden
4 Knoblauchzehen, schälen und fein hacken
4 Tomaten, waschen und hacken
2 bis 3 Esslöffel Tomatenmark, in 1½ Tassen warmem Wasser auflösen oder 1½ Tassen Tomatensaft
Öl zum Braten
1/2 Esslöffel Koriander
Salz
Pfeffer

So wird es gemacht:

☺ Backofen auf 180°C vorheizen.
☺ Auberginen waschen und die Stielansätze abschneiden ➟ Auberginen der Länge nach halbieren ➟ in einer Pfanne Öl erhitzen und die Auberginen darin mit der Schnittfläche braten ➟ die gebratenen Auberginen mit den Schnittflächen nach oben in eine Auflaufform legen ➟ die oberen Seiten mit einem Löffel eindrücken und mit Zwiebelfüllung belegen, dann Tomatensaft darübergeben und im Backofen für ca. 30 Minuten backen.

<u>Zwiebelfüllung:</u>
Die geschnittenen und zerkleinerten Zwiebeln, Tomaten und Knoblauch ein paar Minuten in Öl andünsten ➟ Salz, Pfeffer und Koriander dazugeben und mischen.

****

Auberginen mit grüner Peperoni

Zutaten:

1 mittelgroße Aubergine
250 g lange milde Peperoni, Stielansätze abschneiden, der Länge nach halbieren, Samen entfernen und in Streifen schneiden
1 kleine Chilischote, Stielansatz und Samen entfernen und fein hacken. Ersatzweise Chilipulver, Menge nach Geschmack
1 große Tomate, hacken
1 Teelöffel mildes Paprikapulver
1/4 Teelöffel Garam Masala (indische Gewürzmischung)
Salz
Öl oder Butterfett
Gehackte Korianderblätter

So wird es gemacht:

☺ Aubergine schälen und in dünne Scheiben schneiden.
☺ Öl in einer Pfanne erhitzen, Auberginenscheiben im heißen Öl goldbraun braten, aus der Pfanne nehmen, auf Küchenpapier legen und beiseitestellen.
☺ Das meiste Öl oder Butterfett aus der Pfanne entfernen, Tomaten, Peperoni und Chili in die Pfanne geben und weich dünsten, Salz, Paprikapulver und Garam Masala dazugeben, gut vermengen und ca. 1 Minute köcheln lassen, dann die gebratenen Auberginenscheiben untermengen, kurz erhitzen, in Servierschale geben, mit Korianderblättern garnieren und mit Fladenbrot oder zu Hauptgerichten servieren.

****

Auberginen mit Zwiebeln und Fisch

Zutaten:

500 g Auberginen
250 g Zwiebeln, schälen und hacken
100 g lange milde Peperoni, Stielansätze entfernen, der Länge nach halbieren, Samen entfernen und hacken
150 bis 200 g getrockneter Fisch, waschen und zerkleinern
Salz
Pfeffer
100 ml Erdnussöl oder Palmöl

So wird es gemacht:

☺ Auberginen in einen Topf geben ➡ mit Wasser bedecken und gar kochen ➡ aus dem Topf nehmen und in kaltes Wasser geben ➡ Schale und Stielansätze entfernen ➡ Auberginenfleisch in eine Schüssel geben und mit einer Gabel pürieren.

☺ Öl in einer Pfanne erhitzen ➡ Zwiebeln dazugeben und glasig dünsten ➡ Peperoni untermengen und ca. 1 Minute dünsten ➡ Auberginenpüree und Fischstücke dazugeben und gut vermengen ➡ abschmecken und 6 bis 7 Minuten köcheln lassen ➡ heiß mit gekochtem Yam oder Kartoffeln servieren.

****

Gebratene Auberginen, einfache Art

Zutaten:

1 große Aubergine
reichlich Öl zum Braten
Salz
Pfeffer

So wird es gemacht:

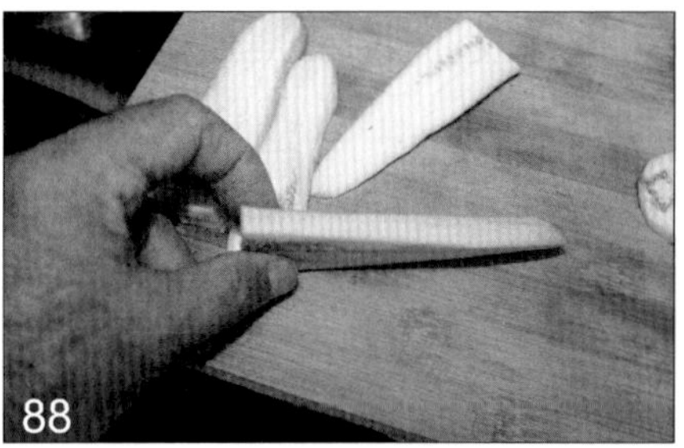
88

89

☺ Aubergine schälen ➟ in dünne Streifen oder Ringe schneiden ➟ salzen und pfeffern ➟ Öl in einer Pfanne erhitzen ➟ die Streifen oder Ringe darin braten ➟ beide Seiten müssen dunkelbraun werden ➟ heiß mit arabischem Brot und Joghurt-Knoblauch-Mischung servieren.

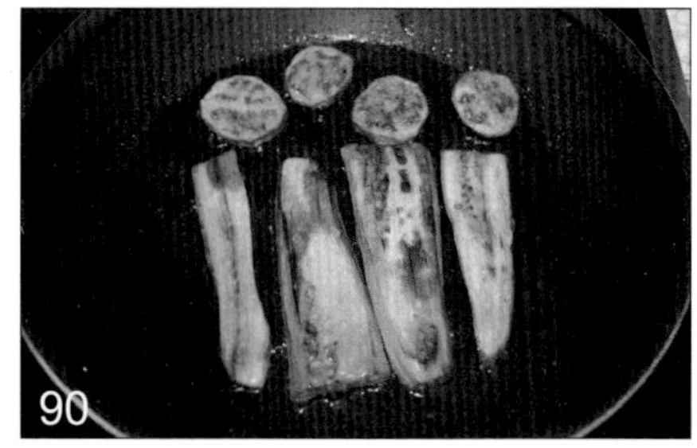
90

****

Gebratene Auberginen mit Sojabohnenpaste

Zutaten:

2 lange Auberginen (250 bis 300 g), Stielansätze entfernen, der Länge nach halbieren und in Stücke schneiden
1/2 Chilischote, zerdrücken
1 Esslöffel Sojabohnenpaste
Salz
Öl

So wird es gemacht:

☺ Etwas Öl in einer großen Pfanne erhitzen ➡ Sojabohnenpaste und Chili dazugeben und kurz dünsten ➡ Auberginenstücke dazugeben, salzen und in Öl wenden, dann Pfanne zudecken und bei schwacher Hitze garen. Zwischendurch wenden ➡ abschmecken und heiß mit Reis servieren.

****

Scharfe Auberginen mit Joghurt

Zutaten:

1 mittelgroße Aubergine
2 Tassen Joghurt
1 bis 2 Zwiebeln, hacken
1 Chilischote, längs halbieren, Samen entfernen und fein hacken
je 1/4 Teelöffel
  Pfeffer
  Kümmelsamen
  Korianderpulver
  Salz
1 Esslöffel gehackte Petersilie oder frischer Koriander
Butterfett (Ghee) oder Öl

So wird es gemacht:

☺ Die Aubergine mit Alufolie gut umhüllen und im vorgeheizten Backofen (200°C) ca. 20 bis 25 Minuten garen ➟ Schale abschaben und Aubergine mit einer Gabel pürieren.
☺ Butterfett oder Öl in einem Topf erhitzen ➟ Kümmelsamen rösten ➟ Zwiebeln und Chili untermengen ➟ glasig dünsten ➟ Auberginenpüree dazugeben und gut mischen ➟ vom Herd nehmen und abkühlen lassen.
☺ Joghurt weichschlagen ➟ Auberginenmischung dazugeben und untermengen ➟ mit gehackter Petersilie oder Koriander garnieren ➟ mit Brot oder Reis servieren.

❋❋❋❋❋❋❋❋❋❋

Joghurt mit Auberginen

Zutaten:

1 bis 2 Auberginen (ca. 250 g)
75 ml Joghurt
1 Tomate, hacken
2 Esslöffel fein gehackte Zwiebeln
2 Esslöffel fein gehackte Petersilie
1/2 Esslöffel Garam Masala
30 ml Öl
Salz
Pfeffer

So wird es gemacht:

☺ Falls möglich, die Auberginen auf einem Grill garen oder in Alufolie einwickeln und im vorgeheizten Backofen (200°C) ca. 25 Minuten garen ➟ Schale abschaben ➟ Auberginenfruchtfleisch in eine Schüssel geben und mit einer Gabel pürieren.

☺ Öl in einer Pfanne oder einem Topf erhitzen ➟ Zwiebeln dazugeben und dünsten, bis sie Farbe annehmen ➟ Salz, Tomaten, Garam Masala und Petersilie dazugeben und kurz umrühren ➟ Auberginenpüree untermengen und ca. 5 Minuten kochen lassen ➟ vom Herd nehmen.

☺ Joghurt in eine Schüssel geben und verrühren ➟ die fertig gekochten Zutaten dazugeben ➟ umrühren ➟ abschmecken und kalt stellen.

****

Auberginen mit Joghurt und Zwiebeln

Zutaten:

2 große Auberginen (ca. 500 g)
3 bis 4 mittelgroße Zwiebeln, schälen, halbieren und in Scheiben schneiden
100 ml Joghurt
2 Esslöffel gehackte Petersilie
1 Esslöffel gehackte Pfefferminze
1 Teelöffel Zimt
Salz
Pfeffer
Öl

So wird es gemacht:

☺ Auberginen schälen und die Stielansätze abschneiden ➟ in Scheiben schneiden, salzen und 15 bis 20 Minuten stehen lassen, dann waschen, in ein Sieb geben und abtropfen lassen.

☺ Öl in einer Pfanne erhitzen ➟ Auberginenscheiben dazugeben und goldbraun dünsten ➟ aus der Pfanne nehmen, in eine Schale geben, pürieren und in einen Topf geben.

☺ 3/4 der Zwiebelscheiben in Öl goldbraun dünsten ➟ zum Auberginenpüree geben ➟ etwas Wasser darübergeben und bei schwacher Hitze 10 bis 15 Minuten köcheln lassen ➟ vom Herd nehmen, dann Joghurt, Petersilie, Zimt, Salz und Pfeffer dazugeben und gut vermengen ➟ in eine Schale geben und mit Zwiebeln garnieren ➟ Pfefferminze kurz in Öl dünsten, über das Gericht geben und mit Fladenbrot servieren.

****

Auberginenpüree mit Tomaten

Zutaten:

1 mittelgroße Aubergine, Stielansatz abschneiden, waschen und abtrocknen
500 g Tomaten, waschen und abtrocknen
3 bis 4 Knoblauchzehen, vierteln
1 Chilischote, fein hacken
1 Zwiebel, fein hacken
1 Bund Lauchzwiebeln, hacken
1/2 Bund Petersilie, Blätter waschen und hacken
2 Esslöffel Öl
Salz

So wird es gemacht:

☺ Backofen auf 200 bis 250°C vorheizen.
☺ Tiefe Schnitte in die Aubergine und ein Tomaten schneiden und den Knoblauch hineinpressen ➡ Aubergine und Tomaten mit Alufolie gut umhüllen und im Backofen ca. 25 Minuten backen ➡ Auberginen- und Tomatenschalen entfernen und den Rest in einen tiefen Teller geben, dann mit einer Gabel pürieren ➡ die restlichen Zutaten dazugeben, gut vermengen und abschmecken ➡ etwas Öl in einer Pfanne erhitzen, über die Mischung geben und servieren.

****

Auberginen Bharta

Zutaten:

1 mittelgroße Aubergine
1 Zwiebel, hacken
2 Tomaten, hacken
2 bis 3 Esslöffel Butterfett
1 Teelöffel Fenchelsamen
1/4 Teelöffel Kreuzkümmelpulver
1/2 Teelöffel Kurkumapulver
Chilipulver, Menge nach Geschmack
1/2 Teelöffel Korianderpulver
1 bis 2 Esslöffel gehackte frische Korianderblätter
Salz

So wird es gemacht:

☺ Backofen auf 200°C vorheizen, Aubergine in Alufolie umhüllen und im Backofen für ca. 25 bis 30 Minuten garen, aus dem Backofen nehmen, kurz abkühlen lassen, dann Schale abziehen und Fruchtfleisch beiseitestellen.

☺ Butterfett in einer tiefen Pfanne erhitzen, Zwiebeln dazugeben und glasig dünsten, dann Tomaten und Korianderblätter untermengen und dünsten, bis viel Flüssigkeit verdampft ist ➟ Gewürze und Salz untermengen ➟ Auberginenfruchtfleisch dazugeben, gut vermengen, mit einer Gabel pürieren, in Servierschale geben und mit Fladenbrot servieren.

****

Auberginenpüree, gekocht mit Knoblauch

Zutaten:

2 lange Auberginen, schälen und zerkleinern
3 bis 4 Knoblauchzehen, schälen und in Streifen schneiden
1 Esslöffel Senföl
Saft einer halben Zitrone
1/2 bis 1 Teelöffel Harissa
Prise 7Gewürze oder Garam Masala
Salz
Pfeffer
Olivenöl
Weißer Käse und einige Oliven zum Garnieren

So wird es gemacht:

☺ Auberginen und Knoblauchstreifen in Salzwasser gar kochen ➞ mit einem Schaumlöffel aus dem Wasser nehmen und abtropfen lassen ➞ in eine Schüssel geben und mit Hilfe einer Gabel oder Küchenmaschine pürieren ➞ Senföl, Harissa, Prise 7Gewürze oder Garam Masala, Salz und Pfeffer dazugeben und gut vermengen. Falls nötig etwas Wasser dazugeben ➞ Oberfläche mit der Gabel glätten ➞ Olivenöl und Zitronensaft darübergeben (Menge nach Belieben) ➞ mit Käse und Oliven garnieren und servieren.

Vermerk:
Man kann auch tiefe Schnitte in die Auberginen schneiden und die Knoblauchstreifen hineinpressen, dann die Auberginen mit Alufolie umhüllen und im Backofen bei 200°C 15 bis 20 Minuten backen, danach wird die Haut abgezogen.

****

Auberginenpüree mit Sesamölpaste
Baba Ghanoush بابا غنوج

Zutaten:

150 g Sesamölpaste (Tahine)
1 große Aubergine
3 Knoblauchzehen, schälen
Saft von 2 bis 3 Zitronen
1/2 Teelöffel Kümmel (oder mehr)
1/2 Bund Petersilie, Blätter waschen oder
2 Esslöffel getrocknete Petersilie
1 Tomate, in Streifen schneiden
Olivenöl
Salz

So wird es gemacht:

☺ Die Knoblauchzehen mit etwas Salz zerdrücken und in eine Schüssel geben ➟ Sesamölpaste, Kümmel und Zitronensaft dazugeben, gut verrühren und mit Zitronensaft und Salz abschmecken.

☺ Falls möglich, die Aubergine auf einem Grill garen oder mit Alufolie gut umhüllen und im vorgeheizten Backofen (200°C) ca. 25 Minuten backen ➟ Schale abschaben, Stielansatz entfernen und Aubergine mit einer Gabel pürieren ➟ die fertige Soße dazugeben, mixen und abschmecken ➟ mit Oliven, Tomatenstücken, Petersilie und Olivenöl garnieren. Falls möglich, Granatapfelkerne dazugeben.

****

Kaltes Auberginenpüree mit Knoblauchpaste

Zutaten:

1 große Aubergine
3 Knoblauchzehen, schälen, mit etwas Salz in einen Mörser geben und zerdrücken
Saft einer Zitrone
1 Zwiebel, schälen und hacken
1 bis 2 Tomaten, hacken
2 lange milde Peperoni, Stielansätze entfernen, in Scheiben schneiden und Samen entfernen
1/4 Tasse Olivenöl
Salz,
Pfeffer
Zucker
1/2 Teelöffel Paprikapulver

So wird es gemacht:

☺ Falls möglich, die Aubergine auf einem Grill garen oder mit Alufolie gut umhüllen und im vorgeheizten Backofen (200°C) ca. 25 Minuten backen ➟ Schale abschaben, Stielansatz entfernen, in eine Schale geben und mit einer Gabel pürieren.
☺ In der Zwischenzeit das Olivenöl in einem Topf erhitzen ➟ Zwiebeln dazugeben und goldbraun braten ➟ Tomaten und Peperoni dazugeben und dünsten, bis viel Flüssigkeit verdampft ist ➟ Auberginenpüree dazugeben und gut vermengen ➟ vom Herd nehmen, mit Knoblauchpaste, Zucker, Salz, Pfeffer, Paprikapulver und Zitronensaft abschmecken und kalt stellen.

****

Omelett mit geriebenen Auberginen

Zutaten:

1 kleine Aubergine, schälen
2 Eier, aufschlagen, mit etwas Salz in eine Schale geben und verrühren
1 kleine Zwiebel, schälen und fein hacken
1 milde lange Peperoni, Stielansatz und Samen entfernen und fein hacken
2 Esslöffel gehackte Petersilie
1 kleine Knoblauchzehe, schälen und mit etwas Salz zerdrücken
Chilipulver, Menge nach Geschmack
1/2 Teelöffel mildes Paprikapulver
Salz
Pfeffer
Öl, zum Braten

So wird es gemacht:

☺ Aubergine fein reiben, in eine Schale geben, mit Wasser bedecken und ca. 30 Minuten stehen lassen, in ein Sieb geben, dann auspressen, damit die restliche Flüssigkeit entfernt wird und beiseitestellen (siehe Seite 75).
☺ In ganz wenig Öl die Zwiebel glasig dünsten, Knoblauch und Peperoni untermengen und dünsten, bis die Peperoniwürfel gar sind ➞ geriebene Aubergine, Gewürze und Petersilie zu den Zwiebeln geben, umrühren und dünsten, bis die Masse Farbe annimmt ➞ Auberginenmasse in eine Schale geben, abkühlen und abschmecken.
☺ Eier zur Auberginenmasse geben und gut verrühren ➞ Öl in einer Pfanne erhitzen, die Masse mit einem großen Löffel in die Pfanne geben, flachpressen, von beiden Seiten goldbraun braten und mit Salat und Brot servieren.

Auberginen Omelett

Zutaten:

1 kleine Aubergine
4 Eier, aufschlagen, in eine Schale geben und rühren
1 Knoblauchzehe, schälen, mit etwas Salz in einen Mörser geben und zerdrücken
2 Tomaten, halbieren, Samen entfernen und hacken
1 bis 2 Stangen Lauchzwiebeln, Stielansätze und gewelkte Blätter entfernen und hacken
1/2 Teelöffel Kurkumapulver
1 Prise Chilipulver
Salz
Pfeffer
Öl

So wird es gemacht:

☺ Backofen auf 200°C vorheizen.

☺ Aubergine in Alufolie wickeln und im Backofen für ca. 25 Minuten backen (oder über offenem Feuer grillen) ➡ Aubergine aus dem Ofen nehmen, Stielansatz und Schale abziehen, Fruchtfleisch in eine Schale geben und mit einer Gabel pürieren.

☺ Etwas Öl in einer Pfanne erhitzen ➡ Lauchzwiebeln, Tomaten und Knoblauch in das heiße Öl geben und dünsten, bis die Flüssigkeit verdampft ist ➡ Kurkuma, Prise Chili, Salz und Pfeffer dazugeben und gut vermengen ➡ Auberginenpüree untermengen, mit Salz und Pfeffer abschmecken, Pfanne vom Herd nehmen und abkühlen lassen.

☺ Eier zur Auberginenmasse geben, gut vermengen und abschmecken.

☺ Etwas Öl oder Butter in einer Pfanne erhitzen ➡ eine volle Kelle Auberginenmasse in die Pfanne geben, flachstreichen und von beiden Seiten braten, bis das Ei gestockt ist. Auf die gleiche Art die restliche Auberginenmasse braten ➡ heiß mit Brot und Salat servieren.

****

Rührei mit Auberginen

Zutaten:

1 mittelgroße Aubergine
6 Eier, in eine Schüssel schlagen
2 Knoblauchzehen, mit Salz zerdrücken
1 Zwiebel, hacken
Salz
Pfeffer
Paprikapulver

So wird es gemacht:

☺ Aubergine schälen und waschen ➡ in Streifen schneiden und danach die Streifen in Würfel schneiden ➡ salzen ➡ in ein Sieb geben (ca. 1 Stunde), damit die bitteren Säfte abtropfen können.

☺ Zwiebeln in Butter oder Öl glasig dünsten ➡ Knoblauchpaste dazugeben und dünsten, bis sie goldgelb wird ➡ Auberginenwürfel dazugeben ➡ gar dünsten ➡ Eier dazugeben und umrühren ➡ bei schwacher Hitze ca. 15 Minuten garen lassen ➡ wenden und weitere 5 Minuten braten ➡ heiß mit Fladenbrot und Salat servieren.

****

Auberginen mit Reisfüllung

Zutaten:

1 kg kleine, längliche Auberginen, waschen. Man kann auch größere Auberginen verwenden, Stielansätze und Blätter entfernen
1 Bund Petersilie, Blätter waschen und hacken
1 Tasse Reis, waschen und abtropfen lassen
2 mittelgroße Tomaten, hacken
3 bis 4 Knoblauchzehen, schälen, mit etwas Salz in einen Mörser geben und zerdrücken
1 Zwiebel, schälen und hacken
2 Stangen Lauchzwiebeln, Stielansätze abschneiden, die gewelkten Blätter entfernen und hacken (auch die grünen Blätter)
2 Esslöffel Tomatenmark, in ca. 1 Tasse warmem Wasser auflösen
1/2 Tasse Olivenöl
Je 1/4 Teelöffel:
  Piment
  Paprikapulver
  Zimtpulver
Zitronen- oder Limettensaft
Salz
Pfeffer

So wird es gemacht:

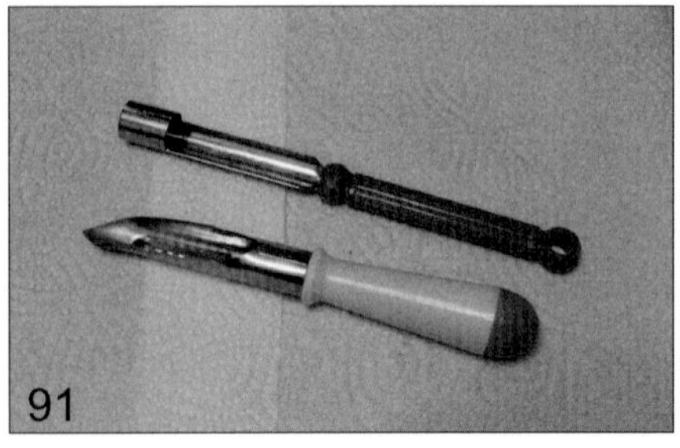
91

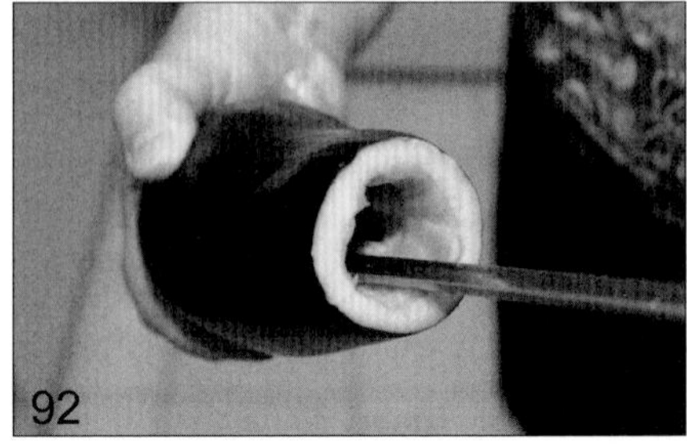
92

☺ Mit einem Aushöhlstab, einem dünnen Sparschäler oder einem Teelöffel das Fruchtfleisch aus dem Gemüse rausholen, dabei darauf achten, dass der Boden des Gemüses heil bleibt.

93

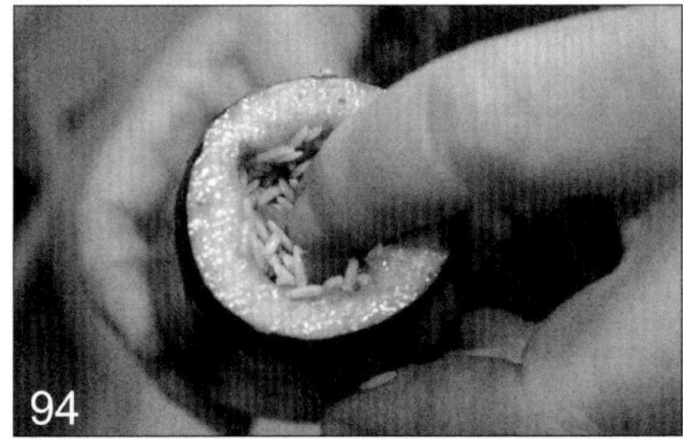
94

☺ Die restlichen Zutaten (außer aufgelöstes Tomatenmark) in eine Schale geben, gut vermengen, mit Salz und Zitronensaft abschmecken, in das ausgehöhlte Gemüse füllen und mit dem Finger reinpressen.

☺ Gefüllte Auberginen in einen Topf geben ➟ aufgelöstes Tomatenmark darübergeben und mit Wasser fast bedecken ➟ Topf zudecken und kurz zum Kochen bringen, dann bei schwacher Hitze köcheln lassen, bis das Gemüse und der Reis gar sind ➟ heiß servieren.

****

Auberginenrollen

Zutaten:

2 große Auberginen
1 Zwiebel, schälen und hacken
200 g Rinderhack
2 Esslöffel gehackte Petersilie
1 Tomate, in Scheiben schneiden
1 Paprikaschote, in Ringe schneiden und von den Samen befreien
50 g Tomatenmark
1 Teelöffel mildes Paprikapulver
Chilipulver, Menge nach Geschmack
1/4 Teelöffel Zimtpulver
Salz
Pfeffer
Reichlich Öl zum Braten

So wird es gemacht:

☺ Auberginen schälen und Stielansätze abschneiden ➟ in dünne Scheiben schneiden und für ca. 1 Stunde in Salzwasser legen.

95

96

☺ Hackfleisch zu Teig verarbeiten:
Salz, Pfeffer, Paprikapulver, Chilipulver, Zimt, gehackte Zwiebeln und Petersilie zum Hack geben und vermengen ➟ den Teig zu kleinen Würstchen rollen, anbraten, Pfanne vom Herd nehmen und abkühlen lassen.

☺ Auberginenscheiben in ein Sieb geben und abtropfen lassen ➠ von einer Seite anbraten, bis sie Farbe annehmen und auf Küchenpapier geben, damit das überschüssige Öl entfernt wird und abkühlen lassen.

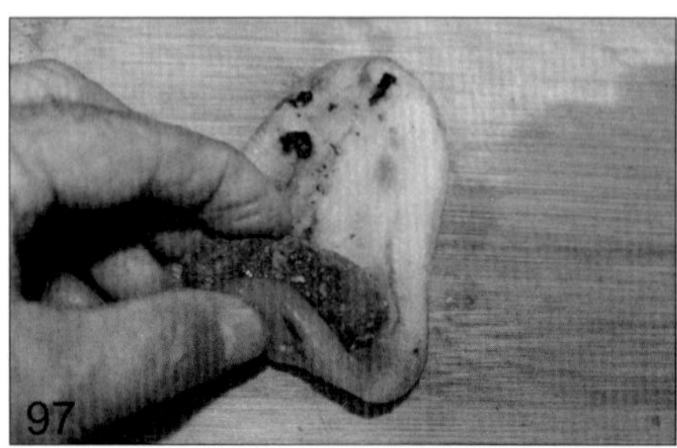
97

98

☺ Eine Auberginenscheiben auf die Arbeitsplatte legen und mit Salz, Pfeffer und Paprikapulver bestreuen, in die Mitte jeder Scheibe ein Hackwürstchen legen und die Scheibe rollen ➠ die fertig gerollten Auberginenscheiben in eine Auflaufform legen ➠ darauf Tomaten- und Paprikascheiben legen ➠ Tomatenmark in Wasser (ca. 2 Tassen oder mehr) auflösen und zu den Auberginen geben ➠ im vorgeheizten Backofen (200°C) für eine 1/4 Stunde backen ➠ heiß mit Reis servieren.

99

****

Gefüllte Auberginen mit gelben Erbsen

Zutaten:

5 bis 6 kleine Auberginen
1/2 Tasse Langkornreis, waschen und abtropfen lassen
50 g geschälte, kleine gelbe Erbsen (Lapeh), waschen, über Nacht in kaltem Wasser einweichen, in ein Sieb geben und abtropfen lassen
1 Zwiebel, hacken
1 Tomate, hacken
ca. 200 g Rinderhackfleisch
50 g Tomatenmark
ca. 3 Esslöffel Joghurt
je 1/8 Teelöffel Kardamompulver, Zimt, Nelkenpulver und Muskat
je 1/4 Teelöffel Bohnenkraut und Dillspitzen
1/2 Bund Petersilie, Blätter waschen und hacken
Zucker
Salz und Pfeffer
Öl oder Butter

So wird es gemacht:

☺ Füllung vorbereiten:
Öl oder Butter in einem Topf erhitzen ➠ Zwiebeln dazugeben und glasig dünsten ➠ Hackfleisch untermengen und braten ➠ Topf vom Herd nehmen ➠ Reis, Salz, Pfeffer, Gewürze und Kräuter dazugeben und gut vermengen.

☺ Stielenden der Auberginen als Deckel abschneiden und aufbewahren ➡ mit einem langstieligen Löffel vorsichtig aushöhlen, dann von innen und außen salzen ➡ ca. 30 Minuten stehen lassen, waschen und abtropfen lassen.

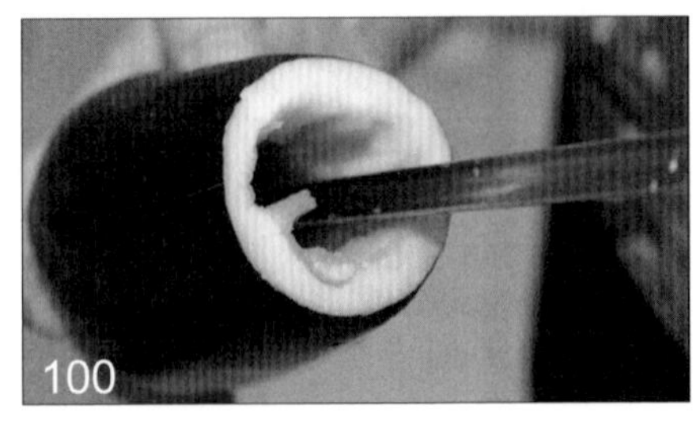
100

☺ Auberginen mit Hackfleischfüllung ca. 3/4 füllen ➡ Deckel aufsetzen und mit den Öffnungen nach oben in einen Topf stellen ➡ Tomatenmark in ca. 2 Tassen Wasser oder 1 Tasse Wasser und 1 Tasse Brühe auflösen, Tomaten dazugeben, umrühren und zum gefüllten Gemüse geben ➡ Topf zudecken und kurz zum Kochen bringen, dann bei schwacher Hitze ca. 30 Minuten köcheln lassen ➡ heiß mit Fladenbrot servieren.

****

Gefüllte Auberginen mit Hackfleisch

Zutaten:

1 kg lange Auberginen
250 g Zwiebeln, hacken
200 g Hackfleisch
3 Tomaten, halbieren, Samen entfernen und hacken
1 Knoblauchzehe, zerkleinern
2 bis 3 cm Ingwerwurzel, schälen und hacken
1 Bund Petersilie, Blätter waschen und hacken
1 Teelöffel getrockneter Thymian
Salz, Pfeffer und Chilipulver
2 Toastscheiben, toasten und zerkrümeln
Öl, zum Braten

So wird es gemacht:

☺ Knoblauch und Ingwerwurzel mit etwas Salz zu einer Paste verarbeiten.

☺ Auberginen waschen und die Stielansätze abschneiden ➟ Auberginen der Länge nach durchschneiden ➟ Öl in einer Pfanne erhitzen und die Auberginen mit der Schnittfläche nach unten ca. 5 Minuten braten ➟ die gebratenen Auberginen mit den Schnittflächen nach oben in eine Auflaufform legen ➟ das Fruchtfleisch mit einem Löffel entfernen und in eine Schüssel geben.

101

☺ Den größten Teil des Bratöls aus der Pfanne abgießen ➡ Öl erhitzen ➡ Hackfleisch dazugeben und braten ➡ aus der Pfanne nehmen ➡ abtropfen lassen und zum Auberginenfruchtfleisch geben ➡ Zwiebeln in derselben Pfanne dünsten, bis sie Farbe annehmen ➡ Knoblauchpaste untermengen und kurz dünsten ➡ Tomaten untermengen und 3 bis 4 Minuten dünsten ➡ Pfanneninhalt zum Fleisch und Auberginenfruchtfleisch geben ➡ gut vermengen ➡ mit Salz, Pfeffer und Chilipulver abschmecken und die Auberginenhälften damit füllen ➡ Petersilie und Brotkrümel darüberstreuen und im vorgeheizten Backofen (170-180°C) 20 bis 25 Minuten backen ➡ heiß mit Reis servieren.

****

Gefüllte Auberginen mit Gemüse

Zutaten:

2 lange Auberginen
1 Tomate, hacken
2 Lauchzwiebeln, gewelkte Blätter entfernen und hacken
1 rote Paprikaschote, Stielansatz und Samen entfernen und in kleine Würfel schneiden
1 Karotte, Stielansatz abschneiden, schälen, der Lange nach halbieren, dann vierteln und in dünne Streifen schneiden
1 Kartoffel, schälen und in kleine Würfel schneiden
1 bis 2 Knoblauchzehen, schälen und fein hacken oder mit etwas Salz zerdrücken
Chilipulver, Menge nach Geschmack
1 Teelöffel mildes Paprikapulver
1/4 Teelöffel Piment
1/4 Teelöffel Zimt
1/4 Teelöffel Kreuzkümmelpulver
1 Esslöffel Tomatenmark in einer Tasse warmem Wasser auflösen
1 bis 2 Esslöffel Sojasoße
Salz
Pfeffer
Öl
Ein paar Käsescheiben, Sorte nach Geschmack

So wird es gemacht:

☺ Ein paar Esslöffel Öl in einer großen Pfanne erhitzen ➞ Zwiebeln dazugeben und glasig dünsten, dann Tomaten, Lauchzwiebeln, Paprika, Karotten und Kartoffeln dazugeben und braten, bis das Gemüse gar ist, die restlichen Zutaten (außer Auberginen) dazugeben und abschmecken ➞ Pfanneninhalt in eine Schale oder auf einen Teller geben und beiseitestellen.

102

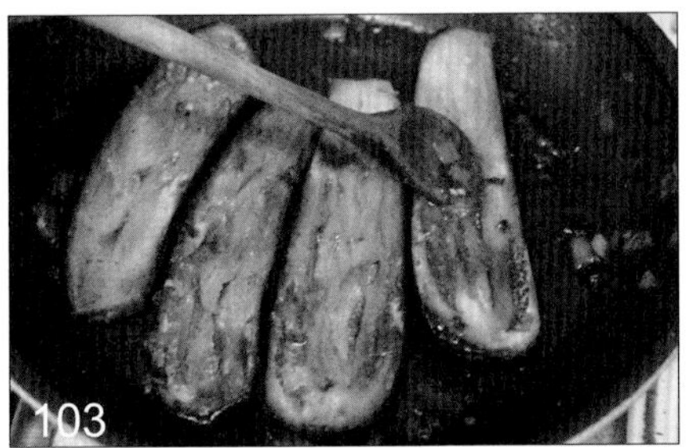
103

☺ Die Auberginenhälften mit der Schnittfläche in dieselbe Pfanne geben und bei mittlerer Hitze ca. 5 Minuten dünsten, bis das Fruchtfleisch weich und gar ist ➞ die Hälften umdrehen, mit einem Löffel das Fruchtfleisch einpressen.

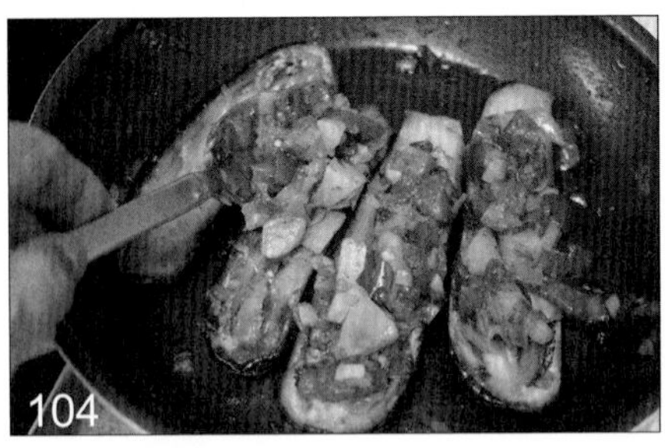
104

105

☺ Gemüse in die Auberginen füllen, aufgelöstes Tomatenmark in die Pfanne geben, Käse darauf verteilen, Pfanne zudecken und ca. 15 Minuten köcheln lassen ➞ heiß mit Salat und Fladenbrot oder Reis servieren.

✻✻✻✻✻✻✻✻✻✻✻

Gefüllte Auberginen mit Hühnerfleisch

Zutaten:

106

4 bis 6 runde kleine Auberginen (Durchmesser ca. 9 cm)
1 Hühnerbrust, in kleine Würfel schneiden
1 große rote Zwiebel, schälen und hacken
1 Teelöffel Kreuzkümmelsamen
Eine Handvoll Champignons, in dünne Streifen schneiden
1 kleine Karotte, Stielansatz abschneiden der Länge nach halbieren und in dünne Scheiben schneiden
2 Knoblauchzehen, mit etwas Salz zerdrücken
1 Tomate, in Scheiben schneiden
1 Tomate, Haut abziehen und hacken (siehe Seite 30)
500 g passierte Tomaten
1/2 Bund Petersilie, Blätter waschen und hacken
1/4 Teelöffel Korianderpulver
1/4 Teelöffel Kurkumapulver
Chilipulver, Menge nach Geschmack
1 Teelöffel mildes Paprikapulver
Salz
Pfeffer
Öl

So wird es gemacht:

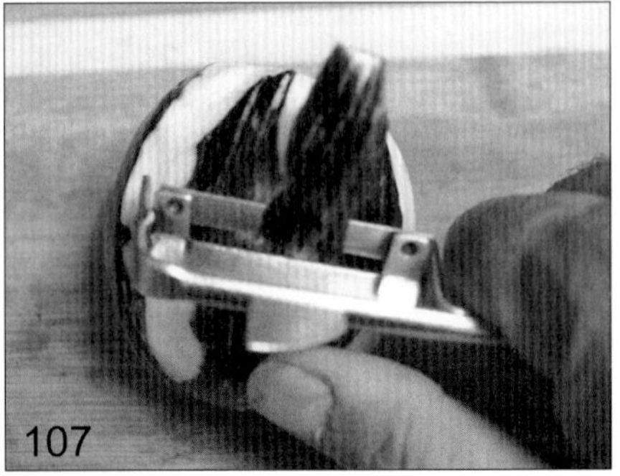
107

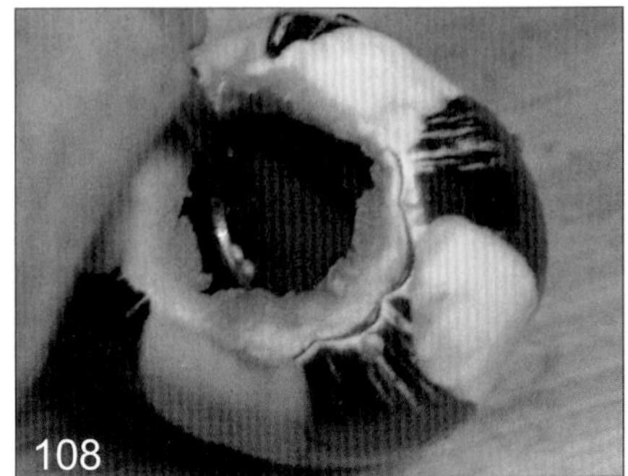
108

☺ Auberginen, Stielansätze abschneiden und Blätter entfernen, dann die Haut Streifenweise schälen, mit einem Löffel aushöhlen, in eine Schale geben, mit Wasser bedecken und beiseitestellen. Vor dem Füllen in ein Sieb geben.

☺ Füllung vorbereiten:

Kreuzkümmelsamen in einer Pfanne kurz rösten, Zwiebeln und etwas Öl dazugeben und glasig dünsten, dann Knoblauch untermengen und kurz dünsten, Hähnchenfleisch dazugeben und braten, bis die Würfel gar sind ➟ gehackte Tomaten, Champignons, Gewürze, Petersilie und Salz dazugeben, gut vermengen und köcheln lassen, bis das Gemüse gar ist und viel Flüssigkeit verdampft ist ➟ Pfanneninhalt in eine Schale geben und abkühlen lassen.

109

110

☺ Die Auberginen in derselben Pfanne rundherum braten, bis sie Farbe annehmen, dann in einen Topf geben, Füllung in die Auberginen geben und etwas reinpressen ➟ die übrig gebliebene Füllung in den Topf geben, dann passierte Tomaten darübergeben, Tomatenscheiben auf die Auberginen legen, Topf zudecken und ca. 15 Minuten köcheln lassen, auf Servierteller geben und heiß servieren.

111

112

****

Schmorbraten mit Auberginen

Zutaten:

2 Auberginen, Stielansätze abschneiden
1 Zwiebel, schälen und hacken
ca. 500 bis 600 g Lamm oder Kalbfleisch, in Streifen schneiden
3 Tomaten, enthäuten und vierteln
1 Esslöffel Tomatenmark
Saft einer halben Zitrone
je 1/2 Teelöffel Kümmel und Piment
Salz
Pfeffer
Paprikapulver

So wird es gemacht:

☺ Auberginen schälen und in Streifen schneiden ➡ mit Salz bestreuen und 30 Minuten in ein Sieb geben.
☺ Öl in einem Topf erhitzen ➡ Zwiebeln darin dünsten, bis sie Farbe annehmen ➡ Fleisch dazugeben und braten, bis die Stücke von allen Seiten braun sind ➡ Tomaten dazugeben und mit einer Gabel zerdrücken.
☺ Tomatenmark mit Zitronensaft vermengen ➡ salzen und pfeffern ➡ Kümmel und Piment dazugeben, über das Fleisch gießen und einige Minuten unter Rühren kochen ➡ Wasser darübergießen und zum Kochen bringen ➡ auf kleiner Flamme ca. 1½ Std. garen.
☺ Auberginenstreifen waschen und trocknen ➡ in Öl braten, bis die Streifen braun werden ➡ zum Fleisch geben und weitere 20 bis 30 Minuten garen ➡ heiß mit Reis und Salat servieren.

****

Gebackene, geriebene Auberginen

Zutaten:

1 mittelgroße Aubergine, schälen
1 große Kartoffel, schälen und in kleine Würfel schneiden
1 Zwiebel, schälen und fein hacken
1 lange milde Peperoni, Stielansatz und Kerne entfernen und fein hacken
1 Tomate, hacken
1 bis 2 Knoblauchzehen, schälen und mit etwas Salz zerdrücken
2 Eier
Etwas Mehl
2 bis 3 Esslöffel gehackte Petersilie
Mildes Paprikapulver
Salz
Pfeffer
Öl, zum Braten
100 g geriebener Käse, Sorte nach Geschmack

So wird es gemacht:

☺ Kartoffeln gar kochen, in ein Sieb geben, abtropfen lassen, in eine Schale geben und abkühlen lassen.

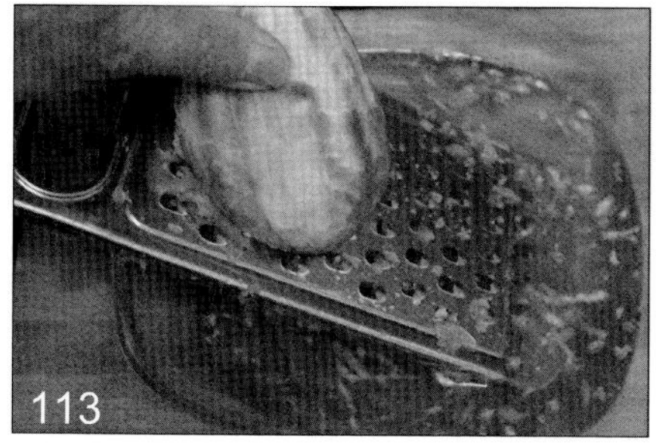
113

114

☺ Aubergine fein reiben, in eine Schale geben, mit Wasser bedecken und beiseitestellen (siehe Seite 75, Abb. 113 und 114).

☺ Backofen auf 180°C vorheizen.

☺ Etwas Öl in einer tiefen Pfanne erhitzen, Zwiebeln dazugeben und glasig dünsten, dann Knoblauchpaste untermengen und kurz dünsten ➟ Tomaten und Peperoni zu den Zwiebeln geben, umrühren und köcheln lassen, bis viel Flüssigkeit verdampft ist ➟ Paprikapulver, Petersilie, Salz und Pfeffer dazugeben, gut vermengen und abschmecken ➟ Pfanneninhalt zu den Kartoffeln geben und gut vermengen.

☺ geriebene Aubergine in ein Sieb geben und abtropfen lassen.

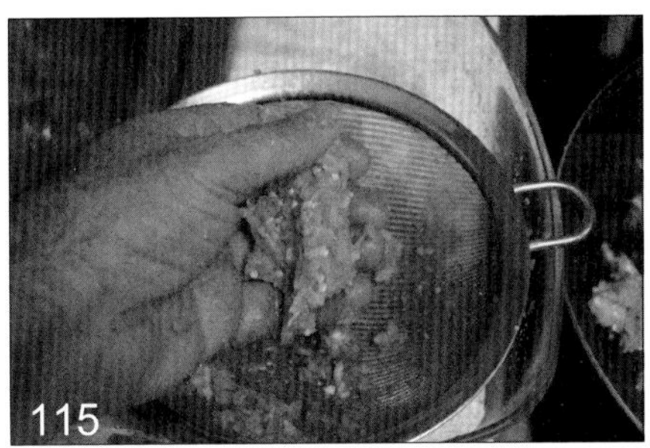

115

116

☺ Die abgetropfte Aubergine auspresse, damit das Wasser entfernt wird und in derselben Pfanne mit sehr wenig Öl braten, bis sie Farbe annimmt, aus der Pfanne nehmen und zu den Kartoffeln geben.

☺ Eier aufschlagen, in eine Schale geben, etwas Salz und Pfeffer dazugeben und gut verrühren.

☺ Mehl, Eier und die Hälfte des geriebenen Käses zur Kartoffelmasse geben und gut vermengen, in eine Auflaufform geben, flach verteilen, den restlichen Käse darüber verteilen, in den Backofen schieben und backen (ca. 15 Minuten), bis die Oberfläche Farbe annimmt ➟ heiß mit Salat servieren.

****

Auberginenauflauf

Zutaten:

3 bis 4 Auberginen, Stielansätze abschneiden, schälen, in daumendicke Scheiben schneiden, ca. 1 Stunde in Salzwasser legen, in ein Sieb geben und abtropfen lassen
250 g Hackfleisch
2 Tomaten, in Scheiben schneiden
2 Paprikaschoten oder 4 lange milde Peperoni, Stielansätze abschneiden, in Scheiben schneiden und Samen entfernen
1 Bund Petersilie, Blätter waschen und hacken
1 bis 2 Knoblauchzehen, schälen, mit etwas Salz in einen Mörser geben und zerdrücken
1 Tasse Brühe
Butter oder Öl
Salz
Pfeffer
Piment
Paprikapulver
Prise Rosenpaprikapulver

So wird es gemacht:

☺ Backofen auf 180°C vorheizen.

☺ Öl oder Butter in einer Pfanne erhitzen ➟ Zwiebeln dazugeben und glasig dünsten ➟ Hackfleisch, Tomaten, Knoblauchpaste, Petersilie und Paprikaschoten dazugeben und unterrühren. Dünsten, bis das Hackfleisch auseinanderfällt und Farbe annimmt ➟ vom Herd nehmen.

☺ In eine Auflaufform eine Schicht Auberginenscheiben legen ➟ Hackfleischmischung darauf verteilen ➟ eine Schicht Auberginenscheiben darauf legen und darauf wieder eine Schicht Hackfleischmischung verteilen usw...., bis alles verbraucht ist, die letzte Schicht sollte aus der Hackfleischmischung bestehen ➟ Brühe darübergeben ➟ mit

Petersilie bestreuen und ca. 20 Minuten im Backofen backen ➡ heiß mit Reis oder Fladenbrot und Salat servieren.

****

Variante 2

Zutaten:

1 große Aubergine (ca. 500 g)
3 bis 4 Eier, aufschlagen, in eine Schale geben und verrühren
2 bis 3 Knoblauchzehen, mit etwas Salz zerdrücken
1 bis 2 Tomaten, Haut anritzen, mit kochendem Wasser überbrühen, Haut abziehen und hacken
1 bis 2 Zwiebeln, fein hacken
Butter oder Öl
Salz
Pfeffer
Eine Prise Zucker
Eventuell Piment oder Paprikapulver, Menge nach Geschmack

So wird es gemacht:

☺ Falls möglich, die Aubergine auf einem Grill garen oder gut mit Alufolie umhüllen und im vorgeheizten Backofen (200°C) ca. 25 bis 30 Minuten backen ➡ Schale entfernen und Auberginenfruchtfleisch mit einer Gabel pürieren.

☺ In der Zwischenzeit Öl oder Butter in einer Pfanne erhitzen ➡ Zwiebeln dazugeben und goldbraun dünsten ➡ Tomaten dazugeben und ca. 10 Minuten dünsten, bis die Flüssigkeit fast verdampft ist ➡ Auberginen und Knoblauchpaste dazugeben und gut vermengen ➡ mit Salz, Pfeffer und einer Prise Zucker abschmecken ➡ Eier darübergeben, umrühren und stocken lassen ➡ heiß mit Fladenbrot oder Reis servieren.

****

Auberginenauflauf mit Okra

Zutaten:

1 Aubergine, in 2 bis 3 cm Würfel schneiden, mit Salz bestreuen, in ein Sieb geben und abtropfen lassen (ca. 30 Minuten), damit die bitteren Säfte austropfen können, waschen und abtropfen lassen
Eine Handvoll Okraschoten, Stielansätze kegelförmig abschneiden, waschen und abtropfen lassen
1/2 Tasse Spargelbohnen (lange grüne Bohnen), vierteln, in Streifen schneiden, waschen und abtropfen lassen. Man kann auch andere Bohnensorten verwenden
ca. 2 Tassen Blattgemüse (Sorte nach Belieben), grob hacken, waschen und abtropfen lassen
4 bis 5 Tomaten, hacken
1 große Zwiebel, hacken oder in Streifen schneiden
ca. 50 g Krabbenfleisch
1½ bis 2 Tassen Wasser
Salz
Pfeffer

So wird es gemacht:

☺ Wasser in einen Topf geben und zum Kochen bringen ➟ Zwiebeln und Tomaten dazugeben ➟ salzen und pfeffern ➟ köcheln lassen, bis die Zwiebeln weich sind ➟ das restliche Gemüse dazugeben und gar kochen ➟ Krabben dazugeben ➟ rühren ➟ kurz erhitzen, abschmecken und servieren.

****

Auberginenauflauf mit gelben Erbsen

Zutaten:

2 Auberginen (ca. 500 g)
250 g Hammel- oder Lammfleisch, in Würfel schneiden, waschen und abtropfen lassen
75 g geschälte, kleine gelbe Erbsen (Lapeh), über Nacht in Wasser einweichen, in ein Sieb geben und abtropfen lassen
1 Zwiebel, hacken
2 Tomaten, Haut anritzen, mit kochendem Wasser überbrühen, Haut abziehen und fein hacken
1 Knoblauchzehe, mit etwas Salz zerdrücken
1 Esslöffel Tomatenmark
1/2 Teelöffel Zimt
1/4 Teelöffel geriebener Muskat
Öl oder Butter
Salz
Pfeffer

So wird es gemacht:

☺ Auberginen schälen und in Scheiben schneiden ➡ in ein Sieb geben, salzen und ca. 20 Minuten stehen lassen, damit die bitteren Säfte austropfen können ➡ waschen und abtropfen lassen.
☺ Tomatenmark in 1 Tasse heißem Wasser auflösen.
☺ Öl oder Butter in einem Topf erhitzen ➡ Zwiebeln dazugeben und glasig dünsten ➡ Fleischstücke untermengen und anbraten ➡ Tomaten und Knoblauchpaste dazugeben, gut vermengen und einige Minuten dünsten ➡ aufgelöstes Tomatenmark und Erbsen dazugeben und umrühren ➡ mit Salz, Pfeffer und Gewürzen abschmecken ➡ Topf zudecken und so lange kochen, bis die Fleischstücke gar sind, eventuell

etwas Wasser nachgießen ➡ Zwischendurch Auberginenscheiben in Öl oder Butter braun braten ➡ zum Fleisch geben und bei schwacher Hitze 10 bis 15 Minuten köcheln lassen ➡ heiß mit Reis und Salat servieren.

****

Auberginenfrikassee

Zutaten:

500 g Auberginen, Stielansätze entfernen, der Länge nach halbieren, jede Hälfte in vier Stücke schneiden, in ein Sieb geben, mit Salz bestreuen, 30 Minuten stehen lassen, dann unter fließendem Wasser abspülen und gut abtropfen lassen
2 Zwiebeln, hacken
1 Knoblauchzehe, zerkleinern
2 cm Ingwerwurzel, schälen und zerkleinern
1 große Tomate, hacken
2 Esslöffel gehackte Petersilie
Salz
Pfeffer
Thymian
Öl, zum Braten

So wird es gemacht:

☺ Knoblauch und Ingwerwurzel mit etwas Salz in einem Mörser zu einer Paste verarbeiten.
☺ Etwas Öl in einer Pfanne erhitzen ➡ Zwiebeln dazugeben und kurz dünsten ➡ Petersilie, Knoblauchpaste, Thymian, Tomaten, Salz und Pfeffer untermengen und ca. 1 Minute dünsten ➡ Auberginen dazugeben ➡ gut vermengen und kochen lassen, bis die Auberginen gar, aber noch fest sind (5 bis 6 Minuten) ➡ heiß mit Reis servieren.
Siehe Vermerk Seite 82.

Vermerk:
Zur Geschmacksverbesserung kann man zuerst 50 g Hackfleisch braten und wie oben beschrieben weiterverfahren.

****

Couscous mit Auberginen

Zutaten:

1 Beutel Couscous (250 g), mit kaltem Wasser anfeuchten und mit den Händen durchkneten, damit er nicht klumpig wird
500 g kleine Auberginen, Stielansätze entfernen und würfeln
1 Tasse getrocknete Bohnen (Sorte nach Belieben), in kaltem Wasser einweichen
evtl. etwas Hackfleisch, salzen und knusprig braten
1 Chilischote oder Harissa
2 bis 3 Knoblauchzehen, halbieren
1/2 Esslöffel süßes Paprikapulver
Salz und Pfeffer
Öl

So wird es gemacht:

☺ Alle Zutaten (außer Auberginen) in einen Topf geben ➟ Wasser darübergießen Topf zudecken und kochen lassen, bis die Bohnen fast gar sind ➟ Auberginen dazugeben ➟ Couscous in ein Sieb geben und über den Topf hängen ➟ zudecken und ca. 15 bis 20 Minuten kochen lassen, bis die Auberginen und die Bohnen gar sind ➟ Couscous in eine Servierschüssel geben ➟ Auberginenmischung in eine Schüssel geben und servieren.

****

Einfaches Auberginencurry

Zutaten:

1 große Aubergine, Stielansatz und Blätter entfernen, halbieren, vierteln, in Würfel schneiden, in eine Schale geben und mit kaltem Wasser bedecken
2 Tomaten, hacken
1 Esslöffel gehackte Korianderblätter
2 bis 3 cm Ingwerwurzel, fein hacken
1/4 Teelöffel Chilipulver
2 bis 3 Esslöffel Zitronensaft
1 Teelöffel Kurkumapulver
1 Teelöffel Korianderpulver
1 Teelöffel Kreuzkümmelpulver
Salz
Öl oder Butterfett

So wird es gemacht:

☺ Ein paar Esslöffel Öl oder Butterfett in einer tiefen Pfanne oder einem Topf erhitzen, Gewürze dazugeben und kurz rösten ➟ Auberginen, Tomaten und Salz zu den Gewürzen geben, gut vermengen und ein paar Minuten köcheln lassen ➟ zuerst 1 bis 2 Esslöffel Zitronensaft untermengen und abschmecken. Falls nötig, mit Salz und Zitronensaft abschmecken ➟ Pfanne oder Topf zudecken und köcheln lassen, bis die Auberginenwürfel gar sind. Falls nötig, etwas Wasser dazugeben ➟ heiß mit Reis servieren.

****

Variante 2

Zutaten:

2 kleine oder 1 große Aubergine, Stielansatz entfernen, in Scheiben schneiden und vierteln
2 Zwiebeln, hacken
3 Tomaten, fein hacken
1 große Kartoffel, schälen und hacken
2 Knoblauchzehen, fein hacken
2 Tassen Wasser
2 cm Ingwerwurzel, hacken
Butterfett (Ghee) oder Öl
je 1/2 Teelöffel Currypulver, Kurkuma, Koriander, Garam Masala und Bokshornkleesamen
2 Esslöffel gehackte Petersilie oder Korianderblätter
Salz
Pfeffer

So wird es gemacht:

☺ Auberginenstücke für ca. 1 Stunde in Salzwasser legen ➟ waschen und abtropfen lassen, damit die bitteren Säfte heraustropfen können.

☺ Butterfett oder Öl in einem Topf oder einer tiefen Pfanne erhitzen ➟ Bokshornkleesamen, Knoblauch, Ingwerwurzel und Zwiebeln dazugeben und dünsten, bis sie Farbe annehmen ➟ Tomaten und die restlichen Gewürze untermengen und 5 Minuten köcheln lassen ➟ Kartoffeln und Auberginen dazugeben und für weitere 3 Minuten braten ➟ salzen und pfeffern ➟ Wasser darübergießen ➟ Topf zudecken ➟ köcheln lassen, bis das Gemüse gar ist und eine dicke Soße entstanden ist ➟ mit gehackter Petersilie oder Koriander garnieren ➟ heiß mit Brot oder Reis servieren.

✻✻✻✻✻✻✻✻✻✻

Variante 3

Zutaten:

2 lange Auberginen (ca. 500 g), Stielansätze entfernen, halbieren und in Würfel schneiden. Dann mit Salz bestreuen und in ein Sieb geben, damit die bitteren Säfte austropfen können. Vor dem Kochen waschen und abtropfen lassen
1 Kokosnuss, nur das weiße Fruchtfleisch reiben, davon 3 bis 4 Esslöffel beiseitestellen und den Rest zu 3 Tassen Kokosnussmilch verarbeiten
1 kleine Zwiebel, hacken
3 bis 4 Schalotten, hacken
1 Knoblauchzehe, hacken
Ca. 3 Esslöffel Currypulver, mit etwas Wasser vermengen
1/2 Teelöffel Zimt
2 bis 3 cm Ingwerwurzel, hacken
1 Prise Salz
Öl

So wird es gemacht:

☺ Kokosnussmilch herstellen:
① Fruchtfleisch einer Kokosnuss reiben ➟ in den Mixaufsatz einer Elektroküchenmaschine geben ➟ 1/4 Liter heißes Wasser darübergießen ➟ mit hoher Geschwindigkeit mixen ➟ einen weiteren 1/4 Liter heißes Wasser dazugeben und weiter mixen, bis ein glatter Brei entstanden ist.
② Ein Sieb mit einem Küchentuch auslegen ➟ Kokosnussbrei hineingeben ➟ mit einem Löffel kräftig pressen ➟ die Enden des Tuches zusammenhalten und kräftig wringen, damit die restliche Flüssigkeit aus dem Brei austropfen kann.
☺ Kokosnussraspeln in einer Pfanne rösten, bis sie Farbe annehmen ➟ aus der Pfanne nehmen und beiseitestellen.
☺ Etwas Öl in die Pfanne geben und erhitzen ➟ Zwiebeln

und Schalotten dazugeben und glasig dünsten ➟ Knoblauch dazugeben und kurz dünsten ➟ Currypaste, Zimt und Ingwer dazugeben und gut vermengen ➟ Kokosnussmilch nach und nach dazugeben und verrühren ➟ abschmecken ➟ Auberginen dazugeben und zum Kochen bringen, dann bei schwacher Hitze köcheln lassen, bis die Auberginenstücke gar sind und eine dicke Soße entstanden ist ➟ abschmecken ➟ in eine Servierschale geben ➟ mit gerösteten Kokosnussraspeln bestreuen und heiß servieren.

❄❄❄❄❄❄❄❄❄❄

Auberginen-Paprika-Curry

Zutaten:

250 g Auberginen
100 g Tomaten, halbieren, Samen entfernen und hacken
100 g grüne Paprikaschoten
1 Zwiebel, hacken
50 g Butterfett (Ghee)
je 1/2 Teelöffel Kurkuma und Garam Masala
je 1/8 Teelöffel Ingwerpulver und Kümmel
Salz

So wird es gemacht:

☺ Paprikaschoten waschen, Stielansätze abschneiden, der Länge nach halbieren, Samen entfernen und in Streifen schneiden.

☺ Auberginen waschen und die Stielansätze abschneiden ➟ in daumendicke Scheiben schneiden ➟ ca. 1 Stunde in Salzwasser legen ➟ in ein Sieb geben und abtropfen lassen, damit die bitteren Säfte austropfen können.

☺ Butterfett in einem Topf zerlassen ➟ Zwiebeln dazugeben und dünsten, bis sie Farbe annehmen ➟ Auberginenscheiben mit den Zwiebeln vermengen ➟ Kurkuma, Ingwerpulver, Kümmel und Salz darüberstreuen ➟ unter ständigem Rühren 4 bis 5 Minuten braten ➟ Tomaten, Paprika und Garam

Masala dazugeben ➟ Topf zudecken ➟ 10 bis 15 Minuten dünsten lassen, bis die Auberginen gar sind. Falls nötig etwas Wasser darüber geben ➟ heiß mit Reis und/oder Fladenbrot (Chapati) servieren.

✻✻✻✻✻✻✻✻✻✻

Auberginencurry mit Krabben

Zutaten:

1 kg Auberginen, schälen, würfeln, mit Salz bestreuen, ca. 30 Minuten stehen lassen, abspülen, in ein Sieb geben und abtropfen lassen (damit die bitteren Säfte austropfen können)
250 g geschälte Krabben
2 Zwiebeln, hacken
4 Tomaten, hacken
1 Esslöffel Tomatenmark, in 1/2 Tasse Wasser auflösen
1 Bund Petersilie, Blätter waschen und hacken
je 1 Teelöffel Thymian und Koriander
1 bis 2 Knoblauchzehen und 3 bis 4 cm Ingwerwurzel, mit etwas Salz zerdrücken
Salz
Pfeffer
Chilipulver, Kurkuma, Kümmelpulver, Nelkenpulver und Zimt (Menge nach Belieben)
Butter, Butterfett oder Öl

So wird es gemacht:

☺ Butter, Butterfett oder Öl in einem Topf erhitzen ➟ Auberginen dazugeben und goldbraun braten ➟ aus dem Topf nehmen und warm halten ➟ die Krabben braten ➟ aus dem Topf nehmen und beiseitestellen.

☺ In demselben Topf die Zwiebeln glasig dünsten ➟ Knoblauchpaste, Koriander, Petersilie und Kurkuma untermengen und kurz dünsten ➟ Tomaten dazugeben und einige Minuten dünsten ➟ das aufgelöste Tomatenmark und eine 1/2 Tasse Wasser darübergeben ➟ gut vermengen ➟ Chilipulver, Zimt, Nelkenpulver und Kümmelpulver dazugeben ➟ umrühren, mit Salz und Pfeffer abschmecken ➟ ca. 10

Minuten köcheln lassen, bis die Auberginen gar sind und die Soße dicker wird ➟ Krabben vorsichtig unterheben und einige Minuten erhitzen ➟ heiß mit Reis servieren.

****

Auberginencurry mit getrockneten Krabben

Zutaten:

250 g getrocknete Krabben (diese Sorte wird aus Indien importiert)
Die restlichen Zutaten wie im vorherigen Rezept „Auberginencurry mit Krabben"

So wird es gemacht:

☺ Krabben in eine Schale geben ➟ Wasser mit etwas Essig vermengen und darübergeben ➟ 3 bis 4 Stunden stehen lassen ➟ in ein Sieb geben und mit kaltem Wasser abspülen ➟ abtropfen lassen, dann das Gericht wie im Rezept "Auberginen-Curry mit Krabben" zubereiten.

****

Auberginencurry mit Krabben und Kokosnussmilch

Zutaten:

1 mittelgroße Aubergine, Stielansatz entfernen, schälen, in Würfel schneiden (ca. 3 bis 4 cm), in eine Schale geben, mit etwas Salz bestreuen und mit Wasser bedecken
250 g geschälte Krabben
3½ Tassen Kokosnussmilch
Saft einer Zitrone
2 bis 3 Tomaten, hacken
1 große Zwiebel, schälen und in Scheiben schneiden
2 bis 3 Knoblauchzehen, schälen, mit etwas Salz in einen Mörser geben und zerdrücken
2 bis 3 scharfe Chilischoten, Stielansätze und Samen entfernen
1 Teelöffel Kurkumapulver
Ein paar Pfefferkörner
2 Teelöffel Koriandersamen
2 Teelöffel Kreuzkümmelsamen
1 bis 2 cm Ingwerwurzel, schälen und grob hacken
2 bis 3 Esslöffel frische Kokosnussraspeln
Salz
Butterfett (Ghee) oder Öl
Zum Garnieren:
Gehackte frische Korianderblätter

So wird es gemacht:

☺ Gewürzpaste herstellen:
Ingwerwurzel, Koriandersamen, Kreuzkümmelsamen, Chili, und etwas Salz in eine Küchenmaschine geben und fein pürieren.

☺ Krabben in eine Schale geben und mit etwas Salz und Kurkumapulver bestreuen, gut vermengen und beiseitestellen.

☺ Etwas Butterfett in einer Pfanne erhitzen, Gewürzpaste dazugeben, umrühren und bei schwacher Hitze für ca. 1 Minute dünsten ➠ Kokosnussraspeln dazugeben, umrühren und eine weitere Minute dünsten ➠ Pfanne vom Herd nehmen und beiseitestellen.

☺ In einer tiefen Pfanne etwas Ghee erhitzen, Zwiebeln und Knoblauch dazugeben und bei schwacher Hitze ein paar Minuten dünsten, Tomaten und Gewürzpaste untermengen und kurz erhitzen ➠ Kokosnussmilch und Auberginen dazugeben, salzen, Pfanne zudecken und ca. 15 Minuten köcheln lassen, bis die Auberginen gar sind ➠ Krabben untermengen und 8 bis 10 Minuten weiter köcheln lassen, dann in eine Servierschale geben, mit Korianderblättern garnieren und mit Zitronensaft beträufeln.

****

Indische Auberginen

Zutaten:

2 lange Auberginen, Stielansätze und Blätter entfernen, der Länge nach halbieren, dann vierteln und in 3 bis 4 Stücke schneiden, in eine Schale geben, mit Salz bestreuen und mit Wasser bedecken, vor dem Gebrauch, in ein Sieb geben
4 bis 5 scharfe Chilischoten, Stielansätze abschneiden und halbieren
5 bis 6 Knoblauchzehen, schälen und halbieren
1 große Zwiebel, hacken
1 Esslöffel Tamarindenpaste, in ein paar Esslöffeln Wasser auflösen
1 Teelöffel brauner Zucker
1 Teelöffel Kurkumapulver
1/4 Teelöffel Cayennepfeffer
1/4 Teelöffel Garam Masala
1 Esslöffel mildes Paprikapulver
Salz
Öl
Zum Garnieren, gehackte Korianderblätter

So wird es gemacht:

☺ Chilischoten, Knoblauch und Zwiebeln in eine Küchenmaschine geben und pürieren, dann die Gewürze und etwas Salz dazugeben und gut vermengen.

☺ Etwas Öl in einem Topf oder einer tiefen Pfanne erhitzen, Gewürzpüree dazugeben und 1 bis 2 Minuten dünsten ➡ Auberginen dazugeben, gut vermengen und ca. 5 Minuten dünsten, dann aufgelöste Tamarindenpaste darübergeben, umrühren und köcheln lassen, bis die Auberginen gar sind, abschmecken, in Servierschale geben und mit Korianderblättern garnieren.

Auberginen mit Tomaten

Zutaten:

1 mittelgroße Aubergine, Stielansatz entfernen, schälen, in dicke Streifen schneiden und würfeln
5 bis 6 Tomaten, Haut anritzen, mit kochendem Wasser überbrühen, Haut abziehen und hacken
1 Esslöffel Tomatenmark, in etwas Wasser auflösen
2 Knoblauchzehen, schälen und hacken
1 Zwiebel, schälen und hacken
250 g gekochter Mais, pürieren
2 Esslöffel Melonenkernpulver
ca. 450 ml Wasser
1 Bund Koriander, Blätter waschen und hacken. Ersatzweise 1 Esslöffel getrockneter Koriander
1 Esslöffel getrockneter Thymian
1 Teelöffel Garam Masala
je 1 Esslöffel Palmöl und Erdnussöl
Salz
Pfeffer
Chilipulver (Menge nach Geschmack)

So wird es gemacht:

☺ Öl in einem Topf erhitzen ➡ Zwiebeln dazugeben und glasig dünsten ➡ Knoblauch und Tomaten untermengen und ca. 10 Minuten dünsten ➡ Melonenkernpulver untermengen und 3 bis 4 Minuten köcheln lassen ➡ die restlichen Zutaten dazugeben, umrühren und 30 bis 35 Minuten köcheln lassen, bis das Gemüse gar und eine dicke Soße entstanden ist ➡ heiß mit Brot, gebratenen Kochbananen, Coco, Yam oder Kartoffeln servieren.

****

Auberginen mit Tamarinde und Kokosnussmilch

Zutaten:

4 bis 5 kleine Auberginen, Stielansätze und Blätter entfernen, vierteln und in Salzwasser legen, vor dem Gebrauch, in ein Sieb geben und abtropfen lassen
1 Spitzpaprika, Stielansatz abschneiden, der Länge nach halbieren, Samen entfernen und in kleine Würfel schneiden
Handvoll Kohlblätter, waschen, in dünne, längliche Streifen schneiden, dann in ca. 3 cm Stücke zerkleinern
2 Pak Choy, auseinandernehmen, waschen und der Länge nach in Streifen schneiden

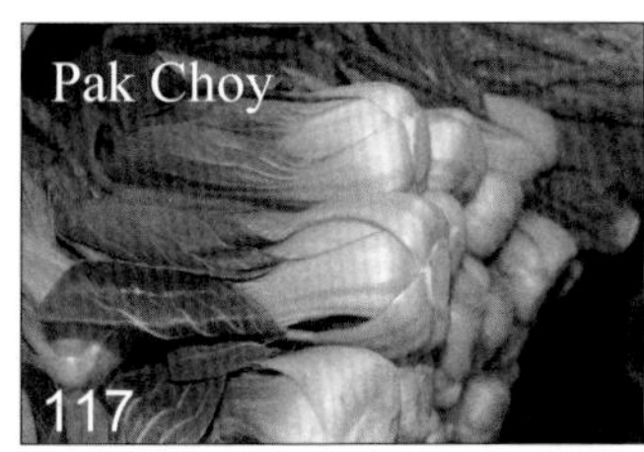
Pak Choy
117

100 g Bohnensprossen
1½ Tassen Kokosnussmilch (siehe Seite 7)

118

1 cm Tamarinde
3 bis 4 Schalotten, schälen und hacken
3 Knoblauchzehen, schälen und vierteln
1 bis 2 scharfe Chilischoten, Stielansätze und Samen entfernen
1 Esslöffel Sojasoße
1/2 Teelöffel Kurkumapulver
1 Teelöffel mildes Paprikapulver
Salz

Pfeffer
Öl
Grob gehackter Koriander

So wird es gemacht:

☺ Tamarinde in 2 bis 3 Esslöffel Wasser einweichen, dann in eine Küchenmaschine geben und rühren, bis die Tamarinde aufgelöst ist oder die Tamarinde zwischen den Fingern reiben und in das Wasser rühren (siehe auch Seite 5).

☺ Tamarinde, Knoblauch, Chili, Schalotten, Sojasoße, Kurkuma und Paprikapulver in eine Küchenmaschine geben und fein pürieren.

☺ Etwas Öl in einer tiefen Pfanne erhitzen ➟ Auberginen in das heiße Öl geben, mit Salz bestreuen und anbraten, bis sie Farbe annehmen ➟ Gewürzpaste zu den Auberginen geben und gut vermengen, dann die Kohlblätter und Spitzpaprika untermengen, dann ein paar Löffel Wasser dazugeben, gut verrühren und köcheln lassen, bis das Gemüse gar ist ➟ Pak Choy, Bohnensprossen und Kokosnussmilch zum Gemüse geben, gut verrühren, abschmecken und ca. 4 bis 5 Minuten köcheln lassen ➟ das fertige Gericht in eine Servierschale geben, mit Korianderblättern bestreuen und heiß servieren.

****

Kürbis mit Auberginen

Zutaten:

250 g Kürbis, halbieren, Samen entfernen, schälen und in kleine Würfel schneiden
1 kleine Aubergine, Stielansatz abschneiden und in Stücke schneiden
4 Tomaten, Haut anritzen, mit kochendem Wasser überbrühen, Haut abziehen und hacken
2 Zwiebeln, schälen und hacken
1 Knoblauchzehe, schälen und hacken
1 lange milde Peperoni, Stielansatz und Samen entfernen und hacken
125 ml Wasser
2 Esslöffel gehackte Petersilie
3 Esslöffel Öl
Salz, Pfeffer und Garam Masala

So wird es gemacht:

☺ Öl in einem Topf erhitzen ➡ Zwiebeln dazugeben und glasig dünsten ➡ Knoblauch untermengen und 1 bis 2 Minuten dünsten ➡ Auberginen, Tomaten, Kürbis und Peperoni dazugeben, umrühren, Topf zudecken und ca. 10 Minuten köcheln lassen. Zwischendurch Wasser darübergeben, bis die 125 ml Wasser verbraucht sind und eine dicke Soße entstanden ist ➡ Petersilie, Salz, Pfeffer und Garam Masala untermengen und 5 Minuten köcheln lassen, bis das Gemüse gar und die Flüssigkeit fast verdampft ist ➡ heiß mit Reis oder Kartoffeln servieren.

****

Auberginen Moussaka

Zutaten:

1 große Aubergine (ca. 1 kg), Stielansatz abschneiden, schälen, in Streifen schneiden, salzen, 30 Minuten stehen lassen, abspülen, in ein Sieb geben und abtropfen lassen
500 g Hackfleisch
250 g Tomaten, fein hacken
2 Zwiebeln, hacken
1 Knoblauchzehe, mit Salz zerdrücken
2 Esslöffel gehackte Petersilie
100 g geriebener Käse
2 Eier, aufschlagen, in eine Schale geben und verrühren
1 Esslöffel Sahne
Paniermehl
Salz, Pfeffer und Chilipulver
Öl, Butter oder Margarine

So wird es gemacht:

☺ Öl, Butter oder Margarine in einer Pfanne erhitzen ➟ Auberginen dazugeben und braun braten ➟ aus der Pfanne nehmen und beiseitestellen ➟ Zwiebeln glasig dünsten ➟ Knoblauchpaste untermengen und kurz dünsten ➟ Hackfleisch dazugeben und braten ➟ mit Salz, Pfeffer und Chilipulver abschmecken ➟ Tomaten und Petersilie untermengen ➟ ca. 10 Minuten köcheln lassen. Evtl. etwas Wasser darübergeben ➟ vom Herd nehmen und abkühlen lassen, dann die Eier und die Sahne darübergeben und gut vermengen.

☺ Backofen auf 180°C vorheizen.

☺ Eine Auflaufform mit Butter einfetten ➟ die Auberginenscheiben in der Auflaufform verteilen ➟ Hackfleischsoße darübergeben ➟ geriebenen Käse und Paniermehl darüber verteilen ➟ ca. 15 Minuten im Backofen backen ➟ heiß mit Reis servieren.

****

Auberginen mit Fleisch

Zutaten:

500 g Auberginen, Stielansätze abschneiden, waschen, in dicke Scheiben schneiden und vierteln, mit Salz bestreuen und ca. 30 Minuten stehen lassen, dann mit klarem Wasser abspülen, in ein Sieb geben und abtropfen lassen
150 g Fleisch, in Würfel schneiden, waschen und abtropfen lassen
2 bis 3 Tomaten, hacken
2 Zwiebeln, schälen und hacken
1 Knoblauchzehe und 3 bis 4 cm Ingwerwurzel, mit etwas Salz in einen Mörser geben und zerdrücken
2 bis 3 Esslöffel gehackte Petersilie
Salz
Pfeffer
Thymian
Chilipulver
Öl

So wird es gemacht:

☺ Öl in einem Topf erhitzen ➟ Fleischstücke dazugeben und knusprig braten ➟ Zwiebeln dazugeben und dünsten, bis sie weich sind ➟ Knoblauchpaste untermengen und kurz dünsten ➟ Auberginen, Petersilie und Gewürze dazugeben, umrühren und dünsten, bis die Auberginen weich sind ➟ etwas Wasser darübergeben ➟ Topf zudecken und einige Minuten köcheln lassen ➟ abschmecken und heiß mit Reis servieren.

****

Variante 2

Zutaten:

1 große Aubergine, Stielansatz und Blätter entfernen, schälen, der Länge nach in Scheiben schneiden (ca. 2 cm dick), mit Salz bestreuen und ca. 30 Minuten stehen lassen, dann mit klarem Wasser abspülen, in ein Sieb geben und abtropfen lassen
500 g Fleischstück, in große Würfel schneiden, waschen und abtropfen lassen
2 große Zwiebeln, schälen und in Scheiben schneiden
3 bis 4 mittelgroße Tomaten, in Scheiben schneiden
1 bis 2 Knoblauchzehen, schälen und mit etwas Salz zerdrücken
1 bis 2 Esslöffel Tomatenmark
1 Esslöffel Kurkumapulver
1/2 Teelöffel Zimtpulver
Salz
Pfeffer
Öl, zum Braten

So wird es gemacht:

☺ Etwas öl in einen Topf geben und erhitzen ➟ Zwiebeln in das heiße Öl geben und dünsten, bis sie Farbe annehmen, Knoblauch dazugeben und kurz dünsten, dann die Fleischstücke und Gewürze dazugeben, umrühren, mit Wasser bedecken und kochen lassen, bis das Fleisch gar ist ➟ etwas Fleischbrühe aus dem Topf nehmen, Tomatenmark darin auflösen und zum Fleisch geben, umrühren, abschmecken und köcheln lassen, bis die Soße im Topf dick wird. Inzwischen die Auberginen bearbeiten.

☺ Auberginen in einer tiefen Pfanne goldbraun braten, das Öl aus der Pfanne entfernen und die Auberginen mit einer Gabel grob pürieren ➠ das gekochte Fleisch und die Zwiebeln mit einem Schaumlöffel aus dem Topf nehmen und zu den Auberginen geben, einen Teil der Soße dazugeben, dann mit Tomatenscheiben bedecken, Pfanne zudecken und ca. 5 Minuten köcheln lassen ➠ heiß mit Reis und Salat servieren.

❋❋❋❋❋❋❋❋❋❋

Geschmorte Auberginen

Zutaten:

1 große Aubergine (normale oder afrikanische Aubergine), waschen und abtrocknen
250 g Fleisch, in kleine Würfel schneiden, waschen und abtropfen lassen
250 g getrockneter Fisch, waschen und zerkleinern
2 Zwiebeln, hacken
2 bis 3 Tomaten, hacken
Salz
Pfeffer
Chilipulver
Palmöl

So wird es gemacht:

☺ Aubergine in einen Topf geben ➟ mit Wasser bedecken und gar kochen ➟ aus dem Wasser nehmen, Stielansatz entfernen ➟ schälen, zerkleinern und beiseitestellen.
☺ Öl in einem Topf erhitzen ➟ Zwiebeln dazugeben und glasig dünsten, dann die Tomaten untermengen ➟ mit Salz, Pfeffer und Chilipulver abschmecken ➟ 2 bis 3 Minuten köcheln lassen ➟ Fleisch und Fischstücke dazugeben ➟ kurz braten ➟ etwas Wasser darübergeben und ca. 10 Minuten kochen lassen, bis die Fleischstücke fast gar sind ➟ zerkleinerte Aubergine unterheben ➟ köcheln lassen, bis die Fleischstücke gar sind. Evtl. Wasser darübergeben ➟ heiß mit Reis, Yam oder Cassava servieren.

****

Geschmorte Auberginen mit Erdnüssen

Zutaten:

500 g Fleisch, in Würfel schneiden, waschen und abtropfen lassen
1 Aubergine, schälen, in Würfel schneiden, mit Salz bestreuen und einige Minuten ziehen lassen, dann waschen und in ein Sieb geben, damit die bitteren Säfte austropfen können
2 Tassen geröstete Erdnüsse, feine Schalen entfernen, in einen Mörser geben und zu einer Paste zerdrücken
2 große Tomaten, hacken
2 bis 3 Schalotten, hacken
1 Bund Lauchzwiebeln, hacken
2 lange milde Peperoni, Stielansätze entfernen, der Länge nach halbieren, Samen entfernen und zerkleinern
Salz
Pfeffer
Ingwerpulver
Chilipulver
Öl oder Butter

So wird es gemacht:

☺ Öl oder Butter in einem Topf erhitzen ➟ Fleischstücke dazugeben ➟ salzen und pfeffern ➟ braten, bis die Fleischstücke Farbe annehmen ➟ Schalotten, Lauchzwiebeln, Tomaten, Peperoni, Ingwerpulver und Chilipulver dazugeben ➟ gut vermengen ➟ etwas Wasser darübergeben und köcheln lassen, bis das Fleisch fast gar ist ➟ Erdnusspaste dazugeben und in der Soße auflösen, dann die Auberginenstücke in die Soße geben ➟ köcheln lassen, bis die Auberginen und das Fleisch gar sind und eine dickere Soße entstanden ist. Falls die Soße sehr dick ist, etwas Wasser dazugeben ➟ heiß mit Reis, Yam oder Cassava servieren.

****

Gebackene Auberginen mit Käse

Zutaten:

1 große Aubergine, schälen und in Scheiben schneiden
1 kleine Zwiebel, hacken
2 Tomaten, hacken
je 1 Teelöffel Majoran und Oregano
1 kleine getrocknete Chilischote, in einen Mörser geben und zerdrücken
1 bis 2 Esslöffel Mehl
3 bis 4 Esslöffel geriebener Käse (Sorte nach Belieben)
Salz
Pfeffer
3 bis 4 Esslöffel zerlassene Butter

So wird es gemacht:

☺ Backofen auf 200°C vorheizen, dann Temperatur auf 180°C reduzieren.

☺ Reichlich Salzwasser in einem Topf zum Kochen bringen ➟ Auberginen dazugeben und ca. 5 Minuten brodeln lassen ➟ in ein Sieb geben und abtropfen lassen.

☺ Butter, Zwiebeln, Tomaten, Oregano, Majoran, Chili, Salz und Pfeffer in einen Mixaufsatz geben und pürieren ➟ etwas Käse dazugeben und gut vermengen.

☺ Eine Auflaufform mit Butter fetten ➟ etwas Püree daraufgeben und verteilen ➟ Auberginen darauf verteilen und das restliche Püree darübergeben ➟ Käse darauf verteilen und ca. 20 Minuten im Backofen backen ➟ heiß servieren.

****

Auberginen mit Mais

Zutaten:

1 kg Auberginen (3 bis 4 Stück), Stielansätze abschneiden und in ca. 1 bis 1,5 cm Scheiben schneiden
2 Tassen frische Maiskörner oder tiefgefrorener Mais (abtauen)
500 g Tomaten
4 bis 5 Esslöffel Sahne
Ca. 100 g Mozzarella, in kleine Würfel schneiden
1/4 Tasse Milch
Pfeffer
Salz
Öl
Butter

So wird es gemacht:

☺ Auberginen in Öl goldbraun braten, aus der Pfanne nehmen und beiseitestellen.
☺ Maiskörner, Milch, Salz und Pfeffer in einen Elektromixer geben und pürieren ➟ etwas Butter in einer tiefen Pfanne oder einem Topf zerlassen ➟ pürierten Mais dazugeben und köcheln lassen, bis die Masse dicker wird ➟ Pfanne oder Topf vom Herd nehmen.
☺ Tomaten enthäuten:
① Tomatenhaut mit einem Messer anritzen und in einen Topf geben.
② Kochendes Wasser über die Tomaten gießen und 1 Minute ziehen lassen.
③ Die Tomaten mit einem Schaumlöffel aus dem Topf nehmen, in kaltes Wasser geben, dann rausnehmen.
④ Haut abziehen und in Scheiben schneiden.
☺ Backofen auf 180°C vorheizen.

☺ Eine Auflaufform mit Öl oder Butter bepinseln und den Boden mit Auberginenscheiben bedecken ➟ die Hälfte der Tomaten daraufgeben und mit etwas Salz und Pfeffer bestreuen, dann die Hälfte des Maispürees auf die Tomaten geben und abschmecken, dann wieder eine Schicht Auberginen daraufgeben, die restlichen Tomaten und Maispüree daraufgeben ➟ die Hälfte des Mozzarellas darauf verteilen ➟ die restlichen Auberginen darauf schichten und mit etwas Salz und Pfeffer bestreuen ➟ den restlichen Käse darauf verteilen ➟ Auflaufform in den Backofen schieben und 30 bis 40 Minuten backen, bis die Oberfläche Farbe annimmt.

❄❄❄❄❄❄❄❄❄❄

Auberginen mit Reis

Zutaten:

1 Tasse Langkornreis, waschen und abtropfen lassen
1 mittelgroße Aubergine, Stielansatz und Blätter entfernen, in Streifen schneiden, dann würfeln und in Wasser legen
1 Zwiebel, schälen und hacken
2 Esslöffel schwarze und gelbe Linsen
Folgende Gewürze zerdrücken:
  Ein paar Pfefferkörner und Nelken
  1 Teelöffel Koriandersamen
Chilipulver, Menge nach Geschmack
1 Teelöffel Senfkörner
1 bis 2 Kardamomkapseln, anschneiden
1/2 Teelöffel Kurkumapulver
Prise Zimt
Salz
Butterfett (Ghee) oder Öl

So wird es gemacht:

☺ 1 bis 2 Esslöffel Ghee oder Öl in einen Topf geben und erhitzen ➡ Zwiebeln, Kardamom und Zimt in das heiße Öl oder Ghee geben und weich dünsten ➡ Reis und 1 gestrichenen Teelöffel Salz zu den Zwiebeln geben, umrühren und kurz dünsten ➡ 2 Tassen Wasser darübergießen, umrühren, Topf zudecken und kurz zum Kochen bringen, dann bei schwacher Hitze ca. 20 bis 25 Minuten köcheln lassen, bis der Reis gar und trocken ist.

☺ Die zerdrückten Gewürze in etwas Öl oder Butterfett kurz dünsten.

☺ Senfkörner mit etwas Öl oder Butterfett in eine tiefe Pfanne geben und rösten, bis die Körner anfangen zu knistern ➡ Auberginenwürfel dazugeben, mit Kurkumapulver und Salz bestreuen und braten, bis sie gar sind ➠ gedünstete Gewürze untermengen, dann den Pfanneninhalt zum Reis geben, gut vermengen und heiß servieren.

****

Variante 2, mit Erbsen

Zutaten:

2 bis 3 Esslöffel weiße, halbierte Erbsen „Urad Dal", in Wasser einweichen, in ein Sieb geben und abtropfen lassen
2 bis 3 Esslöffel halbierte Kichererbsen „Chana Dal", in Wasser einweichen, in ein Sieb geben und abtropfen lassen
Beide Sorten sind in asiatischen Lebensmittelläden erhältlich
1 Tasse Langkornreis, waschen und abtropfen lassen
1 mittelgroße Aubergine, Stielansatz und Blätter entfernen, in Streifen schneiden, dann würfeln und mit etwas Salz in Wasser legen
4 bis 5 Esslöffel zerkleinerte Cashewnüsse
3 Esslöffel halbierte Mandeln
1 bis 2 scharfe Chilischoten, Stielansätze und Kerne entfernen
1 Teelöffel Kardamompulver
1/2 Teelöffel Zimtpulver
1/4 Tasse Kokosnussraspeln, in Wasser einweichen, oder 1 Tasse geraspeltes, frisches Kokosnussfruchtfleisch
1 Teelöffel Senfkörner
1 bis 2 Teelöffel mildes Paprikapulver
Salz
Butterfett (Ghee) oder Öl
Grob gehackte Korianderblätter, zum Garnieren

So wird es gemacht:

☺ Chilipaste herstellen:
Chilischoten, Paprikapulver, Kardamom, Zimt und etwas Salz in eine Küchenmaschine geben und fein pürieren.

☺ Reis, 2 Tassen kaltes Wasser und ca. 1 Teelöffel Salz in einen Topf geben, Topf zudecken und kurz zum Kochen bringen, dann bei schwacher Hitze ca. 20 Minuten köcheln lassen, bis der Reis gar und trocken ist.

☺ Etwas Butterfett oder Öl in einer tiefen Pfanne erhitzen ➠ Senfkörner in das heiße Öl geben und braten, bis die Körner anfangen zu platzen, dann Kochtemperatur auf schwache Hitze stellen und die Erbsen und Kichererbsen dazugeben, gut vermengen und ca. 1 Minute braten ➠ Auberginen und Chilipaste in die Pfanne geben und gut vermengen, dann ca. 1½ Tassen Wasser darübergießen, Pfanne zudecken und köcheln lassen, bis die Auberginen gar sind ➠ den gekochten Reis in die Pfanne geben, gut vermengen, abschmecken und ca. 5 Minuten weiter kochen. Falls die Flüssigkeit ganz verdampft ist, etwas Wasser darübergeben ➠ das fertige Gericht in eine Servierschale geben, mit Korianderblättern garnieren und heiß servieren.

❋❋❋❋❋❋❋❋❋❋

Auberginen mit Kartoffeln

Zutaten:

2 mittelgroße Auberginen, Stielansätze und Blätter entfernen und in ca. 3 cm Würfel schneiden
3 bis 4 mittelgroße Kartoffeln, schälen und in kleine Würfel schneiden
2 große Tomaten
1 große Zwiebel, schälen und hacken
2 bis 3 Knoblauchzehen, schälen und mit etwas Salz zerdrücken
2 cm Ingwerwurzel, fein hacken
1 Esslöffel gehackte Korianderblätter
Je 1/4 Teelöffel:
  Kurkumapulver
  Korianderpulver
  Kreuzkümmelpulver
  Chilipulver
1/2 Teelöffel Kreuzkümmelsamen
Mildes Paprikapulver
1 Esslöffel gehackte Korianderblätter
Salz
Öl

So wird es gemacht:

☺ Etwas Öl in einer tiefen Pfanne erhitzen ➡ Kreuzkümmelsamen im heißen Öl braten, bis sich deren Farbe ändert ➡ Zwiebeln in die Pfanne geben und glasig dünsten, dann Knoblauchpaste und Ingwer untermengen und dünsten, bis die Zwiebeln Farbe annehmen, Tomaten untermengen und 1 bis 2 Minuten köcheln lassen, dann Kartoffeln, Auberginen und Gewürze untermengen, Pfanne zudecken und köcheln lassen, bis die Kartoffeln gar sind ➡ abschmecken ➡ das fertige Gericht in eine Servierschale geben, mit Paprikapulver bestreuen, gehackten Koriander darübergeben und servieren.

****

Nordafrikanisches Tajin

Zutaten:

1 kleine Aubergine, Stielansatz und Blätter entfernen , in ca. 1 bis 2 cm Würfel schneiden und in Salzwasser legen. Kurz vor dem Gebrauch in ein Sieb geben und abtropfen lassen
1 Zwiebel, schälen und in dünne Scheiben schneiden
Handvoll frische Bohnen, vierteln
3 bis 4 Kartoffeln, schälen und vierteln
1 bis 2 lange milde Peperoni, Stielansätze und Samen entfernen und würfeln. Ersatzweise Spitzpaprika oder Paprikaschote
Handvoll Zuckererbsen, vierteln
1 Karotte, Stielansatz abschneiden, schälen und in dünne Scheiben schneiden
1 kleine Zucchini, Stielansatz abschneiden, der Länge nach halbieren, dann würfeln
3 bis 4 Tomaten, Haut abziehen und hacken (siehe Seite 30)
1 Esslöffel Tomatenmark, in 1 Tasse warmem Wasser auflösen
50 g oder mehr schwarze Oliven ohne Kerne, halbieren oder in Scheiben schneiden
Ein paar getrocknete Aprikosen
Ein paar Rosinen ohne Kerne
Je 1 Teelöffel:
- Pfefferkörner, zerdrücken
- Kreuzkümmelpulver
- Kurkumapulver

Zimtpulver
1/4 Teelöffel Piment
Salz
Pfeffer
Öl
1 bis 2 Esslöffel grob gehackte frische Peterilie
1 Esslöffel grob gehackter frischer Koriander
Harissa oder Chilisoße, Menge nach Geschmack

So wird es gemacht:

☺ Etwas Öl in einer tiefen Pfanne oder einem Topf erhitzen, Zwiebeln dazugeben und glasig dünsten ➟ Gewürze, Salz und Pfeffer zu den Zwiebeln geben, gut vermengen und kurz dünsten, dann Auberginen, Kartoffeln, Karotten und Peperoni oder Paprika untermengen und dünsten, bis die Auberginen Farbe annehmen, dann die restlichen Zutaten dazugeben und gut vermengen ➟ aufgelöstes Tomatenmark darübergießen und etwas Wasser dazugeben, bis der Inhalt bedeckt ist ➟ mit Salz, Pfeffer und Harissa oder Chilisoße abschmecken ➟ Topf zudecken und kurz zum Kochen bringen, dann bei schwacher Hitze köcheln lassen, bis das Gemüse gar ist und viel Flüssigkeit verdampft ist ➟ heiß mit Couscous oder Brot servieren.

❄❄❄❄❄❄❄❄❄❄

Kochbananen mit Auberginen

Zutaten:

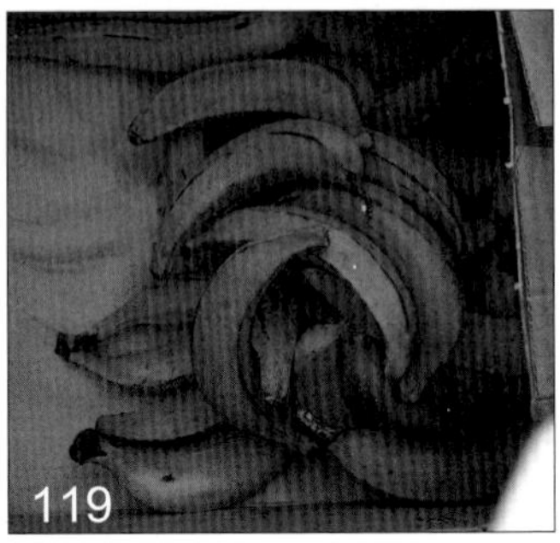
119

1 mittelgroße Aubergine
1 reife Kochbanane (Plantain)
1 kleine Dose geschälte Tomaten
1 große Tomate, enthäuten, halbieren, Samen entfernen und hacken (siehe Seite 30)
1 Knoblauchzehe, schälen und fein hacken
2 Schalotten, schälen und fein hacken
1 Teelöffel mildes Paprikapulver
Zucker
Salz
Pfeffer

So wird es gemacht:

☺ Stielansatz und Blätter der Aubergine entfernen, dann schälen und in Würfel schneiden ➟ Auberginenwürfel in eine Schale geben, mit Salz bestreuen, mit Wasser bedecken und ca. eine halbe Stunde stehen lassen.

☺ Banane schälen und in dünne Scheiben schneiden ➟ Auberginenwürfel und Kochbananescheiben in eine tiefe Pfanne geben, ca. 2 Tassen Wasser darübergießen, Pfanne zudecken und bei schwacher Hitze ca. 15 Minuten köcheln lassen, bis das Gemüse gar ist ➟ Wasser abgießen und das Gemüse mit einer Gabel pürieren.

☺ Backofen auf 180°C vorheizen.

☺ Soße Herstellen:

Etwas öl in einem Topf erhitzen ➟ Zwiebeln im heißen Öl glasig dünsten, Knoblauch dazugeben und dünsten, bis sie Farbe annehmen, dann gehackte Tomaten, Tomaten aus der

Dose, Paprikapulver, Salz, Pfeffer und eine Prise Zucker dazugeben und gut verrühren ➠ Soße zum Kochen bringen, dann bei schwacher Hitze köcheln lassen, bis ein Teil der Flüssigkeit verdampft ist ➠ Topf vom Herd nehmen und beiseitestellen.

☺ Auberginen-Bananenpüree in ein feuerfestes Gefäß geben und die Oberfläche glätten, dann die Hälfte der Soße darübergießen und im Backofen für ca. 15 bis 20 Minuten backen. Falls nötig, etwas Tomatensaft dazugeben ➠ zum Servieren, den restlichen Tomatensaft erhitzen und über das Gericht geben.

****

Auberginen mit Nüssen

Zutaten:

5 bis 6 lange, dünne, mittelgroße Auberginen. Falls möglich japanische Auberginen, Stielansätze und Blätter entfernen
4 Knoblauchzehen, schälen
1 rote Zwiebel, schälen und hacken
1 Zwiebel, schälen, halbieren und in dünne Scheiben scheiden
Etwas Mehl
1 cm Ingwerwurzel, schälen
3 grüne und rote Chilischoten, Stielansätze und Kerne entfernen
1/2 Teelöffel Kurkumapulver
1/2 Teelöffel mildes Paprikapulver
1 Teelöffel Koriandersamen
1 Teelöffel Kreuzkümmelsamen
2 bis 3 cm Tamarinde
3 Esslöffel Zucker
Limettensaft
2 bis 3 Esslöffel Sesamkerne
Je 1 Esslöffel rohe:
- Cashewnüsse
- Mandelsplitter
- Erdnüsse ohne Schale
- Walnüsse

1 Esslöffel Rosinen ohne Kerne
2 bis 3 Esslöffel Kokosnussraspeln oder 1/2 Tasse frisches, geraspeltes Kokosnussfruchtfleisch
1/2 Bund frischer Koriander, Blätter zupfen
Salz
Öl oder Butterfett (Ghee)

So wird es gemacht:

☺ Die Auberginen kurz vor der Spitze bis kurz vorm Ende tief einschneiden, darauf achten, dass der Schnitt nicht durch geht ➡ in eine Schale geben, mit Wasser bedecken und ca. 30 Minuten stehen lassen.

☺ Zwiebelscheiben mit Salz und Mehl bestreuen ➡ etwas Öl oder Butterfett in einer Pfanne erhitzen, Zwiebelscheiben dazugeben und knusprig braten, aus der Pfanne nehmen und auf Küchenpapier geben.

☺ Kokosnussraspeln, Sesamkerne, Koriandersamen und Kreuzkümmelsamen in eine Pfanne geben, gut vermengen und ca. 1 bis 2 Minuten rösten ➡ Pfanne vom Herd nehmen und beiseitestellen.

☺ Tamarinde a. 30 Minuten in ca. 1 Tasse warmem Wasser einweichen, weiterbearbeiten wie auf Seite ... beschrieben ➡ Zucker dazugeben und rühren, bis der Zucker aufgelöst ist, dann mit Limettensaft abschmecken.

☺ Nussfüllung:

Die Nüsse, geröstete Sesamkernmischung, Rosinen, Ingwerwurzel, Knoblauch, Chilischoten, Kurkumapulver, Paprikapulver und Salz in eine Küchenmaschine geben und fein pürieren.

☺ Die Auberginen aus dem Wasser nehmen, abtupfen und mit Nussmasse füllen ➡ ein paar Esslöffel Butterfett oder Öl in einer großen Pfanne erhitzen, gehackte Zwiebeln und Auberginen in das heiße Öl geben und rundherum braten, dann Pfanne zudecken und bei schwacher Hitze köcheln lassen, bis die Auberginen gar sind, auf einen Servierteller oder in eine Schale geben, mit Tamarindeflüssigkeit beträufeln, geröstete Zwiebeln darübergeben und heiß mit Reis oder Brot servieren.

Moussaka, gebackene Auberginen auf orientalische Art

مسقعة

Zutaten:

1 große lange Aubergine, Stielansatz und Blätter entfernen, Streifenweise schälen und einige Streifen stehen lassen, in Scheiben schneiden (ca. 2 cm), in ein Sieb geben und mit Salz bestreuen, ca. 15 Minuten stehen lassen, dann mit Wasser abspülen
1 Paprikaschote, Stielansatz abschneiden, Samen entfernen und in dünne Scheiben schneiden
1 lange milde Peperoni, Stielansatz abschneiden, der Länge nach halbieren und in Scheiben schneiden
1 bis 3 Knoblauchzehen, schälen und halbieren
1 Tomate, Haut und Samen entfernen und fein hacken (siehe Seite 30)
1½ Tassen Tomatensaft
1 Teelöffel mildes Paprikapulver
Chilipulver, Menge nach Geschmack
Salz
Pfeffer
Öl

So wird es gemacht:

☺ Soße herstellen:
Etwas Öl in einer Pfanne erhitzen, Knoblauchzehen dazugeben und kurz dünsten, dann Paprika und Peperoni dazugeben und kurz braten, Tomaten, Tomatensaft, Salz, Pfeffer, Paprikapulver und Chili dazugeben, umrühren und ca. 10 Minuten Köcheln lassen.

☺ Backofen auf 180°C vorheizen.

☺ Auberginenscheiben in Öl goldbraun braten, aus der Pfanne nehmen und auf Küchenpapier geben, damit das überschüssige Öl entfernt wird.

☺ Einen Teil der Soße in eine Auflaufform geben, dann die Auberginenscheiben darauf verteilen und die restliche Soße darübergeben ➡ Auflaufform in den Backofen schieben und ca. 15 Minuten backen.

☺ Heiß oder kalt mit Salat und Fladenbrot servieren.

****

Variante 2, mit Hackfleisch

Zutaten:

150 g Hackfleisch
1 kleine Zwiebel, schälen und hacken
Salz
Pfeffer
1 große, lange Aubergine, Stielansatz und Blätter entfernen, Streifenweise schälen und einige Streifen stehen lassen, in Scheiben schneiden (ca. 2 cm), in ein Sieb geben und mit Salz bestreuen, ca. 15 Minuten stehen lassen, dann mit Wasser abspülen

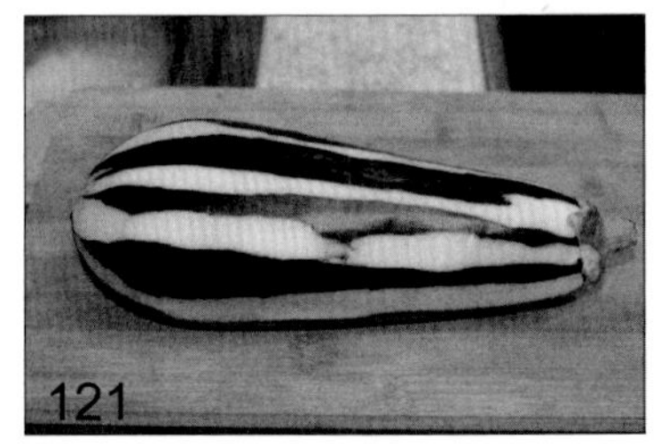
121

2 bis 3 Kartoffeln, schälen und in ca. 2 cm dicke Scheiben schneiden
2 Paprikaschoten, Stielansätze abschneiden, der Länge nach halbieren, Samen entfernen und in feine Streifen schneiden
1 große Zwiebel, schälen, halbieren und in dünne Scheiben schneiden
250 g Tomaten, hacken
2 große Tomaten, in Scheiben schneiden
1 Esslöffel Tomatenmark
1 Teelöffel Kurkumapulver
1 Teelöffel mildes Paprikapulver
1/2 Teelöffel Kreuzkümmelpulver
Salz
Pfeffer
Öl

So wird es gemacht:

☺ Die kleine gehackte Zwiebel in Öl glasig dünsten, Hackfleisch, Salz und Pfeffer dazugeben und braten, bis das Hack Farbe annimmt ➞ Pfanne vom Herd nehmen und beiseitestellen.

☺ Soße herstellen:
In einer Pfanne, etwas Öl erhitzen, Zwiebelscheiben dazugeben und glasig dünsten, dann Paprikaschoten, Tomaten, Kurkumapulver, Paprikapulver, Kreuzkümmelpulver, Salz und Pfeffer dazugeben und bei schwacher Hitze einige Minuten köcheln lassen, Tomatenmark dazugeben, rühren und weiter bei schwacher Hitze 10 Minuten köcheln lassen, bis die Paprikaschoten weich sind ➞ Pfanne vom Herd nehmen.

☺ Backofen auf 180°C vorheizen.

☺ Reichlich Öl in einer großen Pfanne erhitzen ➞ zuerst die Kartoffelscheiben im heißen Öl braten, dann die Auberginen goldbraun braten, aus der Pfanne nehmen und auf Küchenpapier geben, damit das überschüssige Öl entfernt wird.

☺ Etwas Soße in eine Auflaufform geben und verteilen, Kartoffelscheiben darauf verteilen und Soße daraufgeben, danach Hackfleisch daraufgeben und mit Soße bedecken, danach Auberginenscheiben darauf verteilen und mit Soße bedecken ➞ Falls noch Kartoffeln und Auberginen übrig geblieben sind, darauf verteilen und mit Tomatenscheiben bedecken.

☺ Auflaufform in den Backofen schieben und ca. 40 bis 50 Minuten backen und heiß servieren.

****

Auberginen mit Datteln

Zutaten:

1 mittelgroße Aubergine, Stielansatz und Blätter entfernen, schälen, in Würfel schneiden, in eine Schale geben, mit Salz bestreuen und mit Wasser bedecken. Kurz vor dem Gebrauch in ein Sieb geben
125 bis 150 g Datteln ohne Kerne, zerkleinern
2 bis 3 Schalotten, schälen und in dünne Scheiben schneiden
Saft einer Limette
1/4 Teelöffel Ingwerpulver
1 Teelöffel Zimtpulver
Prise Chilipulver
Prise Kardamompulver
Salz
Öl

So wird es gemacht:

☺ Datteln und Limettensaft in eine Schale geben, mit Wasser bedecken und ca. 30 Minuten stehen lassen, dann in eine Küchenmaschine geben und fein pürieren.
☺ Etwas Öl in einer tiefen Pfanne oder einem Topf erhitzen, Zwiebeln dazugeben und glasig dünsten, dann Auberginenwürfel dazugeben, gut vermengen und dünsten, bis die Auberginenwürfel gar sind und Farbe angenommen haben, Gewürze darübergeben, dann ca. 1/2 Tasse Wasser darübergießen, umrühren und ca. 10 Minuten köcheln lassen
➟ mit Salz abschmecken
☺ Dattelpüree dazugeben, umrühren und servieren.

****

Auberginen mit Essig und Knoblauch

Zutaten:

1 große Aubergine, Stielansatz und Blätter entfernen, der Länge nach halbieren, dann vierteln, in Würfel schneiden und bis zum Gebrauch in Wasser legen
5 bis 6 Knoblauchzehen, schälen, mit etwas Salz in einen Mörser geben und zerdrücken
2 Esslöffel Tomatensaft
1½ Esslöffel Essig
1 kleine Chilischote, Stielansatz und Kerne entfernen und fein hacken
1/2 Teelöffel Kümmelpulver
Salz
Pfeffer
Öl

So wird es gemacht:

☺ Tomatenmark in 1/2 Tasse warmem Wasser auflösen, Essig dazugeben und rühren.

☺ Knoblauchpaste in etwas Öl kurz dünsten, aufgelöstes Tomatenmark, Chili, Kümmel, Salz und Pfeffer dazugeben, umrühren und köcheln lassen ➡ Aubergine aus dem Wasser nehmen, abtrocknen und in die Pfanne geben, gut vermengen, Pfanne zudecken und ca. 10 bis 15 Minuten köcheln lassen, bis die Aubergine gar ist. Falls viel Flüssigkeit verdampft ist, etwas Wasser dazugeben.

****

Gedämpfte Auberginen mit Knoblauch

Zutaten:

2 lange, mittelgroße Auberginen, der Länge nach halbieren und in Wasser legen

Zutaten für die Füllung:

Variante 1:

8 bis 9 Knoblauchzehen, schälen und fein hacken
1 kleine Chilischote, Stielansatz abschneiden und in feine Streifen schneiden. Eventuell Kerne entfernen
5 bis 6 Lauchzwiebeln, Stielansätze abschneiden und in Scheiben schneiden (auch die grünen Blätter)
1 Esslöffel Sojasoße
1 Teelöffel Austernsoße
Prise Zucker
Salz

Variante 2:

Ca. 8 Knoblauchzehen, schälen und mit etwas Salz zerdrücken
1 Paprikaschote, Stielansatz abschneiden, der Länge nach halberen, Samen entfernen, in dünne Streifen schneiden, dann fein hacken
2 bis 3 Lauchzwiebeln, Stielansätze abschneiden und in Scheiben schneiden (auch die grünen Blätter)
1 Esslöffel Sojasoße
Salz

Variante 3

2 bis 3 Knoblauchzehen, mit etwas Salz zerdrücken
2 große Tomaten, Haut und Samen entfernen (siehe Seite 30) und hacken
2 bis 3 Lauchzwiebeln, Stielansätze und gewelkte Blätter entfernen und hacken. Ersatzweise 1 Schalotte, hacken
Salz
Pfeffer
Öl

So wird es gemacht:

☺ Aubergine aus dem Wasser nehmen, mit Küchenpapier trocknen und für ca. 5 Minuten in einem Dampfkochtopf (siehe auch Seite 37) dämpfen. Inzwischen die Zutaten bearbeiten.
☺ Variante 1 und 2:
Alle Zutaten in eine Schale geben und gut vermengen.
☺ Variante 3:
Etwas Öl in einer Pfanne erhitzen, Knoblauchpaste dazugeben und kurz dünsten, Tomaten und Lauchzwiebeln oder Schalotte dazugeben, gut vermengen und ca. 1 Minute dünsten.
☺ Die Auberginenhälften mit einem Messer der Länge nach tief einschneiden (nicht durchschneiden), fertiggestellte Zutaten auf die Auberginen geben und etwas reinpressen ➡ Deckel wieder auf den Topf geben und für ca. 10 Minuten weiter dämpfen.
☺ Das Gericht kann mit Reis oder Brot serviert werden.

****

Kaske Badmijan کشک بدمجان

کشک Kaske, persische Soße, die man in Deutschland selten bekommt, ersatzweise kann Joghurt verwendet werden.

Zutaten:

1 große Aubergine oder 2 mittelgroße, Stielansatz und Blätter entfernen, schälen, in ca. 2 cm Scheiben schneiden, vierteln, in eine Schale geben und mit Wasser bedecken
2 große Tomaten, in Scheiben schneiden
2 große Zwiebeln, schälen, halbieren und in Scheiben schneiden
2 Knoblauchzehen, schälen und mit Salz zerdrücken oder fein hacken
Ein paar Esslöffel getrocknete Pfefferminze
1 Teelöffel Kurkumapulver
1/4 Teelöffel Korianderpulver
1/2 Teelöffel mildes Paprikapulver
Salz
Pfeffer
Öl
Etwas Knoblauchpaste
1/2 Esslöffel getrocknete Pfefferminze
2 Esslöffel Kaske Soße. Ersatzweise
1 Tasse Joghurt, etwas Salz und getrocknete Pfefferminze in eine Schale geben und gut vermengen

So wird es gemacht:

☺ Ein paar Esslöffel Öl in einer tiefen Pfanne erhitzen ➟ Auberginen in ein Sieb geben, mit der Hand auspressen und im heißen Öl goldbraun braten, aus der Pfanne nehmen, auf Küchenpapier geben, damit das überschüssige Öl entfernt wird und beiseitestellen.

☺ Das meiste Öl aus der Pfanne entfernen ➟ Zwiebeln in die Pfanne geben und dünsten, bis sie Farbe annehmen, Knoblauchpaste untermengen und kurz dünsten, dann die Tomaten untermengen und ca. 1 Minuten weiter dünsten ➟ Kurkuma, Korianderpulver, Paprikapulver, Pfefferminze, Salz, Pfeffer, ein paar Esslöffel Wasser und Kaske Soße dazugeben, gut vermengen und ca. 5 Minuten bei schwacher Hitze köcheln lassen.
☺ Auberginen zur Soße geben, umrühren, weitere 5 Minuten köcheln lassen und abschmecken ➟ das fertige Gericht auf einen Servierteller oder in eine Schale geben, Kaske Soße oder Jogurtmischung Streifenweise daraufgeben und servieren.

✻✻✻✻✻✻✻✻✻✻

Einfache Variante.

Zutaten:

1 Aubergine, schälen, der Länge nach halbieren, dann vierteln, in kleine Würfel schneiden und in Wasser legen
2 große Zwiebeln, schälen, halbieren und in Scheiben schneiden
1 Esslöffel getrocknete Pfefferminze
1 Knoblauchzehe, schälen und mit etwas Salz zerdrücken
1 Esslöffel Kurkumapulver
1/4 Teelöffel mildes Paprikapulver
Salz
Pfeffer
Öl
Falls möglich, 1 Tasse Kaske Soße oder
1 Tasse Joghurt, etwas Salz und getrocknete Pfefferminze in eine Schale geben und gut vermengen

So wird es gemacht:

☺ Auberginenwürfel in ein Sieb geben und abtropfen lassen ➟ ein paar Esslöffel Öl in einer Pfanne erhitzen, Auberginenwürfel dazugeben und goldbraun braten, Pfanne vom Herd nehmen und beiseitestellen.

☺ Etwas Öl in einer tiefen Pfanne erhitzen, Zwiebeln dazugeben und goldbraun dünsten, Knoblauch untermengen und kurz dünsten, dann Gewürze darübergeben, umrühren und für ca. 2 Minuten köcheln lassen, 1 Esslöffel Kaske oder Joghurt mit Pfefferminze untermengen und 2 bis 3 Minuten köcheln lassen ➟ Aubergine zu den Zwiebeln geben, abschmecken und weitere 5 Minuten köcheln lassen.

☺ Das fertige Gericht in eine Servierschale oder auf einen Teller geben, Joghurtmischung Streifenweise darauf verteilen und servieren. ➟

****

Gemüseplatte

Zutaten:

150 g Hackfleisch
1 kleine Zwiebel, schälen und fein hacken
1 Esslöffel gehackte Petersilie
1 kleine Knoblauchzehe, mit Salz zerdrücken
1 mittelgroße Aubergine, Stielansatz und Blätter entfernen, der Länge nach halbieren, dann jede Hälfte in 4 bis 5 Streifen schneiden und vierteln
2 Zucchini, Stielansätze abschneiden und in Scheiben schneiden
2 bis 3 Kartoffeln, schälen und in Scheiben schneiden
1 Paprikaschote, Steilansatz und Samen entfernen und in Streifen schneiden
3 bis 4 lange milde Peperoni
2 große Zwiebeln, schälen und in Scheiben

schneiden
2 große Tomaten, in Scheiben schneiden
Folgende Zutaten in eine Schale geben und gut verrühren:

- 1 Tasse passierte Tomaten
- 1 Tasse Wasser
- 1 Esslöffel Paprikamark (siehe Seite 14)
- 1 Esslöffel Tomatenmark
- 1 bis 2 Knoblauchzehen, schälen und mit etwas Salz zerdrücken
- 1 Esslöffel Thymian
- 1 Teelöffel mildes Paprikapulver
- 1 Teelöffel Kurkumapulver

Salz
Pfeffer
Öl

So wird es gemacht:

☺ Hackfleisch, Zwiebeln, Knoblauchpaste, Petersilie und etwas Salz vermengen und daraus kleine Kugeln formen, dann flachdrücken.
☺ Kartoffeln bissfest kochen.
☺ Backofen auf 180°C vorheizen.
☺ Gewürze, Knoblauch und Tomatensaft vermengen.
☺ Eine Auflaufform mit Öl bepinseln ➟ zuerst Hackfladen in die Form geben, dann das Gemüse darauf verteilen, Zwiebelscheiben daraufgeben, dann die Tomatenscheiben, danach die Tomaten-Gewürzmischung darauf-

gießen, ca. 1 Stunde im Backofen backen, bis das Gemüse gar ist ➟ heiß mit Salat und Fladenbrot servieren.

ISBN 978-3-927459-68-7

Exotische Küche

Chilenische Küche

Original Kochrezepte vom längsten Land der Welt

Nariman Zeitun

33

ISBN 978-3-927459-67-0

ISBN 978-3-927459-69-4

Exotische Küche

Argentinische Küche

Südamerikanische Kochrezepte aus allen argentinischen Regionen

Nariman Zeitun

28

ISBN 978-3-927459-72-4